Kurt Tepperwein

Heile dein inneres Kind

Kurt Tepperwein

Heile dein inneres Kind

Wie du dich von negativen Emotionen befreist und zu einem starken Ich findest

mvgverlag

Bibliografische Information der Deutschen Nationalbibliothek
Die Deutsche Nationalbibliothek verzeichnet diese Publikation in der Deutschen Nationalbibliografie. Detaillierte bibliografische Daten sind im Internet über https://dnb.de abrufbar.

Für Fragen und Anregungen
info@m-vg.de

Wichtiger Hinweis
Ausschließlich zum Zweck der besseren Lesbarkeit wurde auf eine genderspezifische Schreibweise sowie eine Mehrfachbezeichnung verzichtet. Alle personenbezogenen Bezeichnungen sind somit geschlechtsneutral zu verstehen.

Originalausgabe
2. Auflage 2024

Türkenstraße 89
80799 München
Tel.: 089 651285-0

Redaktion: Petra Holzmann
Umschlaggestaltung: Manuela Almode
Umschlagabbildung: Shutterstock.com/Magenta10
Satz: Christiane Schuster | www.kapazunder.de
Druck: ScandBook, Litauen
Printed in the EU

ISBN Print 978-3-7474-0580-2
ISBN E-Book (PDF) 978-3-96121-983-4
ISBN E-Book (EPUB, Mobi) 978-3-96121-984-1

Dies ist kein therapeutisches Buch, sondern eines, das auf Erkenntnissen, Einsichten und Vertrauen basiert.

Eine philosophische und liebevolle Annäherung an das Unsichtbare in uns, das sich wie wir nach Liebe und Zuneigung sehnt.

Dieses Buch ersetzt keinen Arzt oder Therapeuten. Menschen mit schwerwiegenden Einschränkungen oder massiven psychischen Störungen wie Depressionen, Panikattacken und posttraumatischen Belastungsstörungen wenden sich bitte an den Arzt ihrer Wahl.

Dieses Buch richtet sich an die Menschen, die das Gefühl haben, dass die Vergangenheit in ihrem Alltag immer noch gegenwärtig ist und etwas davon auf ihrer Seele lastet. An die Verletzlichen, die innerlich nicht zur Ruhe kommen. An die Verzagten, die nicht wissen, wie sie mit ihrer Stimmung und ihren Gefühlen umgehen sollen. An die, die sich der Bewusstwerdung öffnen und zu einem inneren Wandel Ja sagen wollen. An jene, denen es an Gelassenheit fehlt und für die eine unterschwellige Schwere zum alltäglichen Begleiter geworden ist. Und natürlich an diejenigen, die mit dem inneren Kind, ihrem innersten Kern, Frieden schließen möchten.

Für alle gilt vor allem: reden, reden und nochmals reden. Sich einer vertrauten Person anzuvertrauen, ist in jedem Fall heilsam. Es ist wichtig, mit schlechten Gefühlen, Ohnmacht und Hilflosigkeit nicht alleine zu sein. Auch wenn man sich allein gelassen fühlt, bedeutet das nicht, dass niemand da ist, der einen auffangen kann. Über Belastendes zu sprechen und sich damit auseinanderzusetzen, ist der erste Schritt Richtung Befreiung.

Vergiss nie, dass immer Menschen da sind, die dir zur Seite stehen. Denke nicht, dass es nicht so ist, denn dann wird es auch nicht sein. Überlege dir, wie viel Information du preisgeben willst, wenn du dir etwas von der Seele sprichst, und entscheide gleichzeitig, wie viel du an Impulsen aufnehmen kannst. Spring über deinen Schatten und mach deinem Ärger Luft. Weißt du, wie vielen Menschen es genauso geht wie dir? Du bist also kein Einzelfall, sondern eine Person von vielen!

Ob du dich schlussendlich endgültig von Belastendem lösen kannst, hängt auch vom richtigen Zeitpunkt ab, denn dieser muss reif sein. Erwarte nicht zu viel und bestimme dein Tempo selbst. Triff die klare Entscheidung, dass du bereit bist für Veränderung – und dann lass los. Tu, was zu tun ist, und überlass dem Leben alles andere.

Kontrollverlust bekommt man erst in den Griff,
wenn man realisiert, dass man nichts kontrollieren kann.

INHALT

Herzlich willkommen

In diesem Buch nehme ich dich mit auf eine Reise in deine Innenwelt. Du musst nichts Neues lernen, sondern dich lediglich daran erinnern, was du in deinem Innersten immer schon warst und jederzeit bist. Mit deinem inneren Kind in Kontakt zu treten, ist ein mutiges Vorgehen und nicht als selbstverständlich anzusehen. Es ist etwas sehr Intimes und braucht viel Fingerspitzengefühl und vor allem Vertrauen. Dieser natürlichste Teil in dir ist bei deiner Geburt so rein und zart wie eine frische Brise in den frühen Morgenstunden. Nach und nach legt sich ein Schleier über das unbeschwerte Kindsein, das Selbst erstarrt, das Ich erwacht.

Dieses Buch fällt nicht mit der Tür ins Haus. Es ist wichtig, dass wir uns dem wesentlichen Kern annähern und etwas Vorarbeit leisten, bevor wir direkt in die Thematik eintauchen können. Bevor ein Bauer erntet, muss er um die Beschaffenheit des Bodens wissen, über die Saat und das Wachstum informiert sein und Zusammenhänge erfassen. Genauso wollen auch wir vorgehen. Wir tasten uns an ein Thema heran, das nicht oberflächlich und schnell behandelt werden kann. Innere Heilung ist kein Schnellschuss, sondern ein Reifeprozess, auf den man sich gut vorbereiten sollte. Wer also rasch Lösungen haben will, um etwas zu erreichen, ist hier fehl am Platz. Es sind genau diese Verhaltensweisen, die Aussöhnung und Einsichten verhindern.

Seelenheil lässt sich weder mit therapeutischen Maßnahmen noch mit gut gemeinten Ratschlägen erzeugen. Wer es zurückgewinnen will, muss schon auf etwas Effektiveres zurückgreifen. Eine klare Auffassungsgabe, ein offenes Herz, Ausdauer, Mut und Geduld sind gute Voraussetzungen, sich selbst sowie das damit einhergehende in Schieflage geratene Leben physisch und psychisch wieder geradezurücken. Es führt kein Weg daran vorbei: Der Pfad der Bewusstwerdung muss beschritten werden, wenn man Erfüllung finden und wirklich glücklich sein will.

Aufarbeitung alleine genügt der Seele nicht, sie will sich befreien. Die Wände, von denen die Seele umgeben ist, benötigen keinen neuen Anstrich, sie müssen abgetragen werden. Dies geschieht aber nicht durch körperliche Anstrengung. Wer wirklich weise ist, wird alles daransetzen, sich um Einsicht, Erkenntnis und Rückbesinnung zu bemühen und unermüdlich nach seinem Selbst Ausschau zu halten. Rückbesinnung bedeutet Einsicht, sie ist ein Schlüssel zur inneren Gesundung.

> *Wenn du dein wahres Sein realisierst,*
> *fallen ganze Staudämme weg,*
> *die den Lebensfluss blockiert haben.*

Ein Kind will spielen. So wie die Kuh auf der Wiese grasen, der Schwan im See schwimmen und sich das Schwein im Schlamm suhlen will, so möchte das Kind spielen. Dies alles sind Bedürfnisse, die völlig natürlichen Ursprungs sind. Je älter man wird, desto schwieriger wird es, ausgelassener zu sein und Leichtigkeit zu leben. Unter Spielen versteht man im eigentlichen Sinne keinen Zeitvertreib, der zur Unterhaltung dient, sondern einen Vorgang, der völlig natürlich aus sich heraus geschieht. Spielen ist also etwas, das so in uns angelegt ist. Kinder tun das, was ihnen gerade in den Sinn kommt. Ihre Beschäftigungen müssen keinen Sinn ergeben, sie verfolgen keinen Zweck. Wir Erwachsene sind deshalb so kompliziert, weil uns immer etwas dazwischenfunkt, bevor wir zur Tat schreiten: Es sind die Gedanken, die sich ständig einmischen und uns raten, dies zu tun oder das sein zu lassen. Alles geschieht mit Absicht oder verfolgt ein Ziel, den meisten Handlungen geht eine Überlegung oder Erwartung voraus. Wir neigen dazu, alles begreifen, berechnen und verstehen zu wollen. Wir suchen nach Lösungen und hoffen, diese eins zu eins anwenden zu können, damit sich Probleme in Luft auflösen. So einfach ist es aber nicht.

Heilsames ist weder sichtbar noch greifbar. Das, was uns wirklich hilft, liegt jenseits des Begreifens. Ist etwas Ersehntes eingetroffen oder geglückt, freuen wir uns. Es mag unseren Vorstellungen und Wünschen entsprechen, aber Vorstellungen sind kein Maßstab. Wenn uns etwas gegen den Strich oder komplett in die Hosen geht, wollen wir nicht hören, dass es nur zu unserem Besten war. Für unser Gehirn ist das nicht nachzuvollziehen und unser Ich, das Ego, sträubt sich vehement gegen alles, was nicht seinen Vorstellungen entspricht.

Das, was uns widerfährt und geschieht, muss nicht logisch sein, sondern unserem Erwachen dienen. Meist dient es aber nur dem Ego. Somit versteht es sich von selbst, dass Dinge geschehen müssen, die uns darauf hinweisen, dass wir auf dem Holzweg sind. Aber eines ist gewiss: Alles, was passiert, ist immer notwendig, sonst wäre es nicht so. Wenn es heilsam, wegweisend, effektiv und klärend ist, kann es schon mal wehtun und uns Unverständnis und Zorn entlocken. Das Ego wehrt sich gegen Zurechtweisungen des Lebens, da es die Oberhand behalten will. Alles soll nach seinem Kopf gehen, dem nicht Gewollten stellt es sich mit Ablehnung gegenüber. Es will ein geschmeidiges Leben, im Mittelpunkt stehen und alles erreichen, was es sich vorgenommen hat. Alles soll funktionieren und nach Plan laufen. Am besten keine Unannehmlichkeiten und Zwischenfälle.

Doch es gibt da noch das Leben, das seine eigene Dynamik entwickelt und ganz und gar nicht unsere Wünsche bedient. Am besten wären keine schmerzlichen Erfahrungen und eine anhaltende Glückssträhne bis ans Lebensende. Wenn zum Beispiel keiner unserer Angehörigen vor uns sterben würde, müssten wir nicht traurig sein; oder wenn nur die anderen krank würden, müssten wir nicht leiden, da Schmerzen ohnehin schlecht zu ertragen sind. Eigenartig, wir wissen genau, dass kein Leben geradlinig verläuft, und trotzdem wünschen wir uns das. Es braucht Herausforderungen, und wenn wir diese annehmen könnten, wären wir nicht ständig damit beschäftigt, Störherde von uns zu weisen. Das Leben ist ein ständiges Auf und Ab.

Die Kunst ist, innerlich in der Mitte zu bleiben, Contenance zu bewahren und das Schauspiel des Lebens mit einem Lächeln zu beobachten. Es bringt nichts, das Leben auf Biegen und Brechen zu manipulieren, sich der Ellbogentechnik zu bedienen und ein Trotzkopf zu sein.

Impulse, die zu Veränderungen führen, entstehen aus dir heraus. Es muss in dir klick machen. Was auch immer du im Außen versuchst, wird keine oder ungenießbare Früchte tragen, wenn die Veränderung nicht von innen herrührt. Das, was in deinem Leben geschieht, ist schlussendlich nur bedingt von deinen Handlungen abhängig, in erster Instanz kommt es auf deine innere Einstellung und Haltung an.

Auch wenn man das nicht genau wissen kann: Fakt ist, dass das, was dir widerfährt, die Auswirkung deines Innenlebens ist. Kurz gesagt: Das Außen folgt dem Innen, aber auch das Innen dem Außen. Denn es gibt eine Wechselwirkung: Das, was sich von außen nach innen verlagert, lässt auch eine Rückkoppelung entstehen.

»Nichts ist drinnen, nichts ist draußen: Denn was innen, das ist außen.« Dieser Gedanke ist Teil des Gedichts *Epirrhema* von Johann Wolfgang von Goethe, das er bereits im Jahr 1827 geschrieben hat. Ist die Zeit seither stehen geblieben oder warum fallen so tiefgreifende Erkenntnisse nach wie vor nicht auf fruchtbaren Boden? Haben wir unsere innere Erde zu wenig aufgelockert, als dass sie Früchte hervorbringen kann?

*Geschieht in deinem Leben
ein plötzlicher Wandel,
bedeutet das, dass sich zuvor in dir
etwas verändert haben muss,
da Veränderung sonst nicht möglich ist.*

Möchtest du Zugang zu dir gewinnen und mit deinem inneren Kind kommunizieren? Dein Herz muss vor Freude springen und spüren, dass es mit dieser Entscheidung den richtigen Weg beschreitet. ***Sag Ja, aber nicht, weil du dir dadurch etwas erhoffst, sondern weil für dich ein Nein nicht infrage kommt.*** Hast du Zweifel bei dieser Entscheidung, gibt es andere Möglichkeiten, dir selbst näherzukommen und ein neues Verständnis für dich zu entwickeln. Alles muss leicht vonstattengehen, genauso unkompliziert wird sich auch Bewusstwerdung vollziehen, selbst wenn die Grundproblematik noch so komplex erscheinen mag.

> *Wir sollten nie vergessen, dass der Verstand immer nur der Logik folgt und die innere Vernunft ihrem Instinkt.*

Versuche nichts zu verstehen, vertraue deiner inneren Führung. Lass sie nicht aus den Augen und räume ihr alle Freiheiten ein. Wenn du dich mit dem inneren Kind aussöhnen und dich von deiner Vergangenheit verabschieden möchtest, führt kein Weg daran vorbei, dein Ich loszulassen. Stelle dich den schmerzvollen Brennpunkten in dir, damit angestaute Emotionen und selbstzerstörerische Gedanken keinen Schaden mehr anrichten können.

Eine kleine Aufgabe für dich:

Wenn du magst, dann nimm, bevor du dich in dieses Buch vertiefst, ein leeres Blatt und Buntstifte zur Hand. Male spontan und ohne zu überlegen dein inneres Kind. Lass deiner Fantasie freien Lauf. Hab Freude daran und wisse, dass alles erlaubt ist. Es darf bunt oder auch weniger bunt sein, groß oder klein, krumm oder schief, wie auch immer du es malst, ist es richtig! Du kannst nichts verkehrt machen. Es geht nur um die Freude am Tun, um Ausgelassenheit und ein paar stille Momente, in denen du nichts denken, wissen und können musst.

Dein inneres Kind muss übrigens nicht aussehen wie ein Kind, es darf jede Gestalt annehmen, die du ihm verleihen willst. Vielleicht ähnelt es einem Tier, besteht aus vielen Strichen oder setzt sich aus vielen Punkten zusammen. Egal. Niemand wird es sehen, wenn du das nicht willst.

Wenn du damit fertig bist, leg es zur Seite. Wir benötigen es erst wieder am Ende des Buches. Wenn du keine Lust hast, dein inneres Kind zu malen, ist das natürlich auch okay, aber du hättest dann eine wertvolle Erfahrung sausen lassen!

NÜCHTERN BETRACHTET

Was vorab von Bedeutung ist

Spuren der Vergangenheit

Die Vergangenheit hat in jedem von uns Spuren hinterlassen, auch in dir. Dies ist so, weil wir uns über unser Ich, unsere Persönlichkeit definieren. Das Selbst weilt in einem ewig andauernden Augenblick, ein Früher, Später, Heute, Gestern oder Morgen kennt es nicht. Du vollziehst keine Handlung, ohne dass Prägungen und Erinnerungen darauf Einfluss nehmen. Unendlich viele Verletzungen hast du als Person erfahren und erlebt, die dich traurig gestimmt, hilflos gemacht und erschüttert haben. Im Leben geht es nicht nur um deine Persönlichkeit und um ihre Entfaltung, sondern in erster Linie um die Entdeckung deines tatsächlichen Seins. Alte Glaubensmuster und Gewohnheiten können abgelegt werden, wenn man über die nötige Offenheit, Disziplin und Ausdauer verfügt.

Innere Wunden heilen, wenn man um ihre Entstehung weiß und ihre Beschaffenheit realisiert. Ein lebenslanger Prozess, der einem innere Bereitschaft, Kompromisslosigkeit und stetige Achtsamkeit abverlangt. Wer dafür brennt und es nicht nur so dahinschwelen lässt, braucht sich nicht zu ängstigen und sich auch keine Sorgen zu machen. Dir wird alle notwendige Hilfe zuteil, wenn du zur Selbsterforschung aus ganzem Herzen Ja sagst und dein Leben dieser einen Sache widmest. Sie hat fünf Buchstaben und heißt: Liebe. Sie durchströmt alle Lebensformen, ist überall und durch alles vorhanden. Ängste und Nöte können von dir abfallen, noch bevor du die Erde verlässt, wenn du die wahre Bedeutung von Liebe erkennst und dich an sie erinnerst.

Man versucht mit unterschiedlichen Methoden, innere Konflikte therapeutisch zu lösen. Verletzungen aus der Kindheit aufzudecken und zu harmonisieren, kann einem schon einiges abverlangen. Ich bin mir nicht sicher, ob wir wissen müssen, was uns knechtet, und ob wir es noch einmal herbeiholen sollen, damit wir uns besser fühlen. ***Jede Konfrontation löst etwas aus, aber nicht unbedingt auf.*** Ob wir etwas direkt erleben oder darüber nachdenken, die Energie bleibt dieselbe und wirkt genauso stark, ganz gleich ob im positiven oder negativen Sinn. Das lässt sich ganz einfach überprüfen: Denk an eine Situation, in der du dich besonders wohlgefühlt hast. Du kannst die Augen schließen, dir das Erlebte in allen Einzelheiten ausmalen und auch die Gefühle wieder herbeiholen. Du kannst alles aufleben lassen, was in deiner Erinnerungsdatenbank abgespeichert ist.

Nur zu gut kennen wir das von schmerzlichen Erfahrungen, die immer wieder aufflammen, ohne dass wir es wollen. Kaum haben sie unser Gehirn erreicht und sich als Gedanken vermehrt, ist Schluss mit lustig. Es sind regelrechte Überfälle, Gedanken, die über uns herfallen und einfach nicht mehr lockerlassen. Sie nicht zu »beleben«, ist einfacher gesagt als getan. Ignorieren scheint schier unmöglich, sobald sich auch noch schlechte Gefühle dazugesellen. Und die lassen bekanntlich nicht lange auf sich warten, wenn das Donnerwetter im Oberstübchen erst einmal in Fahrt geraten ist. Manche Emotionen sind zum Davonlaufen. ***Aber genau dann heißt es: stehen bleiben, Emotionen beobachten, sein lassen. Nach innen schauen, durchatmen und in keiner Weise mit ihnen in Resonanz gehen.*** Sie verschwinden von selbst, wenn du sie nicht verscheuchst, sondern sie unbeeindruckt den Zeitpunkt ihres freiwilligen Abgangs selbst bestimmen lässt.

Viele Erfahrungen, die wir durchlebt haben, haben unsichtbare Blessuren in unserem Innersten hinterlassen. Diese Verletzungen werden mit dem inneren Kind in Verbindung gebracht. Oft spricht man auch von »Wunden der Seele« und »Seelenschmerz«. Es gibt viele Herangehensweisen oder Therapien, um diesen Schmerz sichtbar zu machen. Hier gehen Meinungen und Ansichten auseinander. Die einen sagen, es ist die Seele, die leidet; die anderen bezeichnen sie als Psyche, was im Grunde genommen dasselbe ist. Das Seelische drückt sich über die menschliche Psyche aus. Die Seele braucht einen Körper, um Leid zu erfahren und Schmerz zu empfinden. Ohne Körper wäre das nicht möglich.

Im Grunde genommen ist der Körper beseelt. Wenn sich zur Todesstunde die Seele zurückzieht, ist nichts mehr da, was Not wahrnehmen kann. Wie dem auch sei. Alle Methoden verfolgen das gleiche Ziel: nämlich den Menschen wieder in Einklang zu bringen, Verletzungen, psychische Traumata und Ängste zu neutralisieren. Grundsätzlich ist alles gut, was zur Befreiung von angestauten Emotionen, festgefahrenen Vorstellungen und falschen Glaubens- und Denkmustern beitragen kann. Nur: Was ist wirklich effektiv?

Ich werde versuchen, dieser Frage in diesem Buch gerecht zu werden. Wichtig ist, dass wir uns in die Materie vertiefen und uns mit ihr auseinandersetzen, bevor es an die Umsetzung geht. Es braucht wie bereits erwähnt keine schnelle Lösung, denn das vermeintliche Problem ist auch nicht schnell entstanden. Wenn wir uns die Zeitspanne geben, die es gebraucht hat, um diesen Schlamassel zu erzeugen, hat Bewusstwerdung keine Eile. Wenn wir uns einmal am Tag an uns selbst erinnern und das kontinuierlich tun, sind wir bereits auf gutem Wege. ***Beginnen wir im Vorfeld damit, unsere Sichtweisen infrage zu stellen und in Erwägung zu ziehen, dass nicht alles so ist, wie wir es empfinden und erfahren haben.*** Durch unsere begrenzte Betrachtungsweise haben sich über Jahre hinweg unzählige Missverständnisse angesammelt. Es macht also durchaus Sinn, nicht vehement an den eigenen Überzeugungen festzuhalten. Ich denke, dass wir vielen Menschen unrecht tun und es in vielen Fällen nur unsere Sicht ist, die den problematischen Stein ins Rollen gebracht hat. Aber auch uns selbst sehen wir in einem völlig falschen Licht. Wir haben uns ein Bild über uns gemacht, aber dieses Bild hat mit unserem eigentlichen Wesen nichts zu tun.

Festgefahrene Meinungen sind im Allgemeinen tief in uns verankert, aber sie waren nicht immer da. So ist es möglich, sie zu überdenken und zu revidieren, um mit sich ins Reine zu kommen. Und genau dazu ist es notwendig, sich mit dem Innenleben zu beschäftigen. Das geschieht meist erst, wenn der Hut brennt. Krankheit ist wohl der häufigste Anreiz, der den Menschen dazu bringt, aus dem Hamsterrad auszubrechen und sein Leben, aber auch eine schwierige Kindheit neu zu überdenken. ***Bis zu einem einschneidenden Erlebnis sucht man nach dem Sinn des Lebens und erst danach beginnt man, dem Leben einen Sinn zu geben.*** Ist das nicht spannend?

Spiritualität

Spiritualität zu leben, ist ein zutiefst menschliches Verlangen. ***Wir alle sehnen uns nach der einen bedingungslosen Liebe, die sich auf nichts bezieht.*** Sie liegt allen Lebewesen zugrunde und doch scheint sie unerreichbar zu sein. Wie kann es uns überhaupt an Menschlichkeit, Toleranz und wahrer Zufriedenheit fehlen, wenn wir sie in unserem innersten Sein doch haben? Es liegt nicht am Mangel vorhandener Tugenden, sondern an Ignoranz und Unwissenheit. Menschlichkeit, ein großes Wort. Es bedeutet Fürsorge, füreinander Sorge zu tragen. Es steht für Respekt, dafür, liebevoll mit allen Lebewesen umzugehen. Menschlichkeit bedeutet, sich in Menschen hineinzuversetzen, sie unbewusst als Liebe wahrzunehmen. Dann können wir Großes leisten und Nächstenliebe und Nächstenhilfe werden zur Selbstverständlichkeit, die nichts Besonderes ist. Vergessen wir nicht die Dankbarkeit, auch sie zeugt von Menschlichkeit. Nicht für eine besondere Sache oder ein

Ereignis dankbar zu sein, sondern für das Leben selbst, in jedem Augenblick.

Wir wissen viel, aber der Zugang zu unserem inneren Wissen scheint irgendwie verschüttet zu sein. Warum ist uns der Kern des inneren Kindes so fern? Das höchste Ziel des Lebens ist es, diesen Zugang zu finden und ihn freizulegen. Das, was sich dahinter verbirgt, ist kein Geheimnis, aber es wird eines bleiben, wenn wir uns weiterhin nicht darum kümmern.

> *Wer sich nicht um das Wesentliche kümmert, verkümmert.*

Das Verborgene bleibt nur so lange verborgen, solange wir das, was es überdeckt, als wahr erachten. Ungute Gewohnheiten, Verhaltensweisen, Meinungen, Standpunkte, Sichtweisen, Prägungen, Abhängigkeiten, Gereiztheit, Süchte, Schuldgefühle, Depressionen, Zweifel, dunkles Gedankengut, emotionale Belastungen und viele weitere Punkte, die für eine Abtrennung von uns selbst sorgen, sind nichts weiter als Fremdkörper, die über die Jahre hinweg antrainiert worden sind und sich verfestigt haben. Nichts davon gehört uns. Es sind keine Teile von uns, auch wenn sie uns begleiten und blockieren. ***Diese hinderlichen Anhängsel müssen als solche entlarvt werden und nicht als Zustand oder Eigenschaft betrachtet werden, die man ohnehin nicht ändern kann.*** Es ist für jeden möglich, sein Selbst zu entdecken, weil die sogenannten Fremdkörper nur Eigenarten des Ich und somit Unruhestifter sind. Wir sollten keine davon als gegeben hinnehmen, sondern alles daransetzen, sie zu hinterfragen und sie nach und nach abzulegen. Dies ist kein willentlicher Akt, sondern ein natürlicher Prozess, der sich einstellt, wenn wir uns der Liebe öffnen und auf allen Ebenen dazu bereit sind, heimzukehren. Heimat ist die universelle Quelle, unser eigentliches Sein, das solltest du eigentlich spüren!

Hinterfrage alles! Es ist keine Option, das Leben oder sich selbst so hinzunehmen, wie es den Anschein hat. Es ist ja nicht so, wie es scheint. Wenn du in den Spiegel siehst, siehst du dein Spiegelbild und doch bist du davon überzeugt, dass du es bist. Niemals kannst du dein Gesicht selbst sehen, auch wenn du das Spiegelbild als solches registrierst. Wir haben Vorstellungen und nehmen an, dass die Dinge das sind, wofür wir sie erachten. Doch in Wahrheit sind die Dinge nie so, wie sie sind, sie scheinen nur so zu sein. Um das zu erkennen, muss man wirklich hinsehen und seine bequemen Komfortzonen verlassen. Trau dich und mach dich auf den Weg, den du nicht mit deinen Füßen beschreitest, sondern mit deiner Intuition. Auch wenn sich eine persönliche Wahrnehmung durch neue Erfahrungen korrigiert, bedeutet das nicht, dass sie dadurch korrekt sein muss, nur weil wir das, was wir sehen und erleben, mit bereits Erfahrenem vergleichen. Unsere persönliche Wahrnehmung ist niemals fehlerfrei. Jede persönliche Wahrnehmung ist ein Fake. Alles, was wir sehen, ist von einer Interpretation abhängig, wodurch ihm Eigenständigkeit und Neutralität genommen werden.

Jeder Mensch trägt Konflikte mit sich herum, prägende und unverarbeitete Erlebnisse sitzen tief. Und hier kommt der spirituelle Aspekt zum Tragen: Nur Einsicht beinhaltet eine klärende und erlösende Kraft. Einsicht kann man aber nicht verstehen, sie beruht auf keiner Taktik. Einsicht kann man weder wollen noch herbeizaubern. Einsicht beruht auf Innenschau. Einsicht steht für Hinschauen – ein In-sich-Hinein-Schauen. Es bedeutet, über den Tellerrand zu blicken und das Herz über den Kopf zu stellen. Wer es schafft, über seine Begrenzungen hinauszugehen, kann all das Bedrückende hinter sich lassen. Man muss diesen Raum von Sorgen und Kummer überschreiten.

Gleichzeitig gilt es zu durchschauen, was es damit auf sich hat. Nur so kann man zu seinem wahren Kern vordringen! Spiritualität ist Menschlichkeit. Mit Esoterik hat sie nichts am Hut, denn Spiritualität ist unser wahres Sein.

Menschsein ist etwas Großartiges, dessen wir uns nicht annähernd bewusst sind. Spiritualität steht für Vernunft, Geduld, Fürsorge, Klarheit und eine Riesenportion Mut und Vertrauen. Sie ist kein Humbug und auch kein Spielplatz, sondern eine ernst zu nehmende Angelegenheit, die aber mit viel Humor aufzuwarten hat.

Da ist etwas in dir, das sich über die Jahre hinweg zurückgezogen hat. Das innere Kind ist zerbrechlich und verletzlich, so wie du. Es lässt sich von psychologischen Maßnahmen etwas besänftigen, aber nicht beeindrucken, da es nur eines will: Liebe. Es fordert Aufmerksamkeit. Es wünscht sich Geborgenheit. Es sehnt sich nach Aussöhnung. Es verzehrt sich nach Zärtlichkeit und Verständnis. Es verlangt die Rückkehr zur Einheit. Wie aber kann sich der Mensch aus der Unausgewogenheit, Zerrissenheit und Verzettelung in die Ganzheit retten? Mit Psychotherapie, mit Einsicht, durch Selbsterkenntnis?

Probleme lösen, aber wie?

Wenn du therapeutische Hilfe in Anspruch nehmen willst, kann die Arbeit mit dem inneren Kind wegweisend sein. Auch sind ausführliche Ratgeber zu diesem Thema erschienen. Die Tragweite der inneren Erlebniswelt, die sich unter dem Überbegriff »inneres Kind« verbirgt, erreichte durch Bücher von John Bradshaw und dem Autorenduo der Psychotherapeutinnen Dr. Erika Chopich und Dr. Margaret Paul eine große Leserschaft.

Die Betrachtungsweise des inneren Kindes aus therapeutischer Sicht spricht im eigentlichen Sinne Erlebnisse und Gefühle aus der Kindheit an, die im Gehirn angesiedelt sind. Ich bin kein Therapeut und möchte in diesem Buch über Therapieansätze hinausgehen. Sieh dieses Buch als wertvolle Ergänzung, als eine Möglichkeit von vielen. Meine Impulse sind nicht als Anleitung zu verstehen, sie sollen vielmehr Einsicht schüren. Lies gerne auch zwischen den Zeilen, das könnte besonders hilfreich sein. Ich möchte dir Déjà-vus entlocken, diese sogenannten Aha-Erlebnisse, die dir Impulse, Eingebungen und Herangehensweisen vermitteln, die dich wieder in die Balance bringen. Es könnte sich wie eine vage Erinnerung anfühlen, die von einem befreienden Gefühl begleitet wird. Plötzlich ist einem alles klar, und kaum hat man das festgestellt, weiß man nicht mehr, worauf es sich bezogen hat. In diesem Moment glaubt man, etwas verstanden zu haben, hat aber keine Ahnung, worum es eigentlich ging. Es ist ein kurzes Aufflammen, ein Augenblick, der einen von unzähligen Sorgenhalmen verbrennt, ohne Asche zu hinterlassen. Wie ist das möglich?

Jeder Einsicht liegt eine innere Gewissheit zugrunde, auch wenn man nicht weiß, wodurch sie geschieht. Ein Was, Wann und Warum bleiben einem ebenso verborgen. Es geschieht einfach. Was genau, kann man nicht sagen, aber es fühlt sich prächtig an. Irgendwann stellt man fest, dass eine Eigenschaft, ein Problem oder eine Sorge einfach verschwunden ist. Einsicht geschieht jenseits des Wissens und Verstehens, was eine große Gnade ist! ***Sie verändert uns, bevor wir im Außen eine sichtbare Veränderung feststellen können.*** Die kurze Sequenz einer erlösenden Erkenntnis kann nur allzu leicht übersehen werden. Man muss sehr feinfühlig sein, um sie wahrzunehmen. Da sich die Veränderung im Außen erst viel später einstellt, läuft man Gefahr, Zusammenhänge nicht zu erkennen.

Methoden mit rein therapeutischen Konzepten wirken anders. Da eine spürbare Veränderung unter Umständen auch sofort eintreten kann, werden sie vermehrt als effizienter eingestuft. Wird eine Veränderung direkt mit einer Methode in Verbindung gebracht, wird sie als Auslöser erachtet.

Man fühlt sich schon aufgrund eines bewusst erlebten Vorgangs mit einer Fachperson besser, weil das Ergebnis an etwas gemessen werden kann. Viele Faktoren spielen zusammen. Da ist A ein Mensch, der etwas weiß. Das, was er B erzählt, klingt logisch und beeindruckt uns. Es steht C Zeit zur Verfügung, in der Dinge geschehen, die mir D helfen sollen, und es liegt E nahe, ein F Ergebnis herbeizusehnen, was G nicht ohne Einfluss bleibt. Es gibt viele weitere Punkte, die bis Z reichen, die unbewusst etwas auslösen und natürlich auch etwas verändern. Aber für wie lange? Menschen sind Meister im Vergleichen und Interpretieren. Außerdem ist ein Ergebnis immer plausibler, wenn es spürbar ist. Eine Einsicht kann mit dem allem nicht aufwarten und dennoch ist sie an Effizienz nicht zu überbieten.

Spürt der Mensch nichts, vermutet er, dass keine Veränderung stattgefunden hat. Diese Annahme ist natürlich nicht richtig. Am meisten geschieht, wenn man nichts spürt und versteht. Der Beweis für die Richtigkeit dieser Aussage ist, dass Veränderung dort geschieht, wo sie auf fruchtbaren Boden fällt und Wandel tatsächlich stattfindet. Spüren und Fühlen wird den Sinnen zugeordnet, es sind Instrumente des Ich. Man unterscheidet zwischen angeeignetem Wissen, das belasten kann, und instinktiver Gewissheit, zwischen Intelligenz und innerer Vernunft und zwischen Gefühl und intuitivem Empfinden.

Jede Veränderung vollzieht sich als Erstes in einem selbst. Geh deinen Weg, aber bleibe skeptisch! Die Hoffnung kann ein Empfinden verfälschen, weil sie erhört werden will. Es ist wunderbar, wenn sich Probleme lösen. Beobachte einfach, wie schnell sich etwas verändert, und vor allem, wie lange die Veränderung anhält. Wenn der äußeren Veränderung eine innere vorausgeht, muss die innere Veränderung Raum und Zeit haben, um sich wahrnehmbar einzustellen. Erst danach wird sich der Effekt einer Veränderung zeigen. Das ist das sogenannte Gesetz der Spiegelung, dem wir unterworfen sind. Erst wenn du dich vor den Spiegel stellst, wirst du im Spiegel erscheinen. Und so verhält es sich auch im Leben. Nur das, was in dir vorhanden ist, kann sich im Außen zeigen, und du kannst nur das sehen und erkennen, was in dir bereits vorhanden ist.

Stelle nichts infrage, nur weil du nichts spürst. Vertraue darauf, in jedem Moment das Richtige zu tun, und folge deiner Intuition. Wer den Mut hat, in sich einzutauchen, wird unwillkürlich mit seinen Schatten konfrontiert. Das kann schon mal dunkel, kalt und unangenehm werden. Die dort vorherrschende Dunkelheit ist aber auch nur eine Decke, die sich über das Licht gelegt hat. Auch wir tragen eine Decke mit uns spazieren, den Körper. Was aber sind wir, wenn wir nicht nur der Körper sind? Decke bin ich bestimmt keine, darauf möchte ich bestehen!

Weitere Decken haben sich über unsere Seele gelegt, die man mit den Verletzungen des inneren Kindes gleichsetzen könnte. Es gilt zu realisieren, dass das Dunkle das Helle nur überlagert. Schatten und Dunkelheit sind nicht unsere Feinde und müssen nicht abgelehnt werden. Wir können ihnen mutig entgegentreten und herausfinden, was sich hinter ihnen verbirgt. Wenn es im eigentlichen Sinne nichts außer Licht gibt, liegt es nahe, dass dies auch die Grundlage von Schatten und Dunkelheit ist.

Wer sein Leben von alten Schlacken befreien will, hat vielleicht schon Bekanntschaft mit unterschiedlichen Vorgehensweisen wie Aufarbeitung, Analyse und Reflexion gemacht. Er hat sich Therapien und Aufgaben gestellt und dadurch vielleicht auch einiges erreichen können. Wem sein Desaster aber wirklich reicht, der sollte sich davon verabschieden, etwas erreichen zu wollen, alle Konzepte aufgeben und hinter sich lassen. Alles, was hilft, ist gut und man sollte nichts unversucht lassen. Äußere und innere Arbeit sollten immer Hand in Hand gehen, man sollte nichts ausschließen und alles als eine Erfahrung betrachten. Ganz gleich, was wir erleben. Pleiten, Pech und Pannen sind nicht schlecht, es sind Erfahrungen, die uns auf den einen Weg bringen. Sie sind die Chance, ein Hinweis für die Rückkehr zu uns selbst.

Es ist das Gesamte, was uns dient. Das Passende wird automatisch zu uns finden, wenn wir es zulassen und dafür offen sind. Vergessen wir also neben unserer emotionalen und physischen Heilung nicht unsere innere Seelenwelt. Sie ist das Elementare, wo Heilung geschieht. Alles andere bezieht sich auf die nach außen gerichtete Sinneswelt, worüber sich Heilung definiert, aber wo sie nicht tatsächlich stattfindet. Erst wenn die Konflikte und Missverständnisse in uns entfernt sind, wird sich Harmonie vollständig ausdrücken können.

Es ist wie mit den Pflanzen, die wir als Unkraut bezeichnen. Wenn wir nur den sichtbaren Teil entfernen, werden sie nachwachsen. Entfernen wir aber die Wurzel, wird dies nicht mehr geschehen.

Wenn wir das Übel in uns an der Wurzel packen und uns bis zu ihr vorwagen, sind wir auf dem richtigen Weg. Wenn wir im Selbstmitleid und Schmerz, in Gesprächen, Analysen und im Wiederbeleben alter Geschichten stecken bleiben, was wollen wir erwarten? Möchtest du, dass dein innerer Garten vorübergehend schön ist oder für immer?

Lebenswogen

Bevor wir näher auf die Beschaffenheit und Bedeutung des inneren Kindes eingehen, möchte ich noch etwas erwähnen: Es ist durchaus menschlich, dass wir Ungutem aus dem Weg gehen und Schwierigkeiten loswerden wollen. Doch Schwierigkeiten sind Chancen, in denen eine große Kraft steckt, auch wenn sich das auf Anhieb nicht erkennen lässt. Nicht im Problem liegt das Problem, sondern im Widerstand. Es sind die Widerstände, die uns das Leben erschweren und sogenannte Probleme am Leben erhalten.

> *Wer nicht versucht, das Ruder mit Gewalt herumzureißen, sondern sich der Situation hingibt und das tut, was not-wendig ist, holt die Bewusstwerdung ins Boot. Sie kann der rettende Anker sein, wenn dein Lebensboot wieder mal steuerlos auf dem Weltmeer herumtreibt.*

Das Leben wird immer Wellen schlagen. Manchmal ist es ruhig und manchmal aufbrausend und wild. Es geht nicht darum, die Wogen zu glätten oder ihnen auszuweichen, sondern darum, ihre eigentliche Bedeutung zu entdecken und zu erkennen, was es mit ihnen auf sich hat. Wogen sind das Salz in der Suppe. Wer die Wellen nicht scheut, ist ein guter Kapitän. Ein guter Kapitän gibt niemals auf. Er weiß, dass alles im Leben vorübergeht und sich jede Situation zur richtigen Zeit besänftigen wird. Mit Geduld und Scharfsinn beobachtet er die Situation, ohne sie beeinflussen zu wollen.

Lass uns das Pferd zur Abwechslung mal von hinten aufsatteln, denn alle Versuche, es von vorne zu tun, haben dich nicht weitergebracht. Warum sonst würdest du dieses Buch in den Händen halten? Das innere Kind, aus einer tieferen Sicht betrachtet, ist die Seele selbst. Es ist Natürlichkeit und Wahrhaftigkeit in einem. Betrachtet man es aber aus der »irdischen« Sicht, ist es der Teil in uns, der Kind geblieben ist und unendlich viele Verletzungen erfahren hat. Es gibt einen inneren und einen äußeren Menschen. Auch der innere Erwachsene spielt eine große Rolle in unserem Leben. Bewusst ist er uns aber kaum.

Der äußere Mensch ist definiert dadurch, was er erlebt und wie er sich erfährt. Wir definieren uns über die Außenwelt. Die Eindrücke sind so stark, dass uns die Sinne vorgaukeln, dass das, was uns umgibt, die einzige Wirklichkeit ist. Du kannst zum Beispiel das Läuten der Kirchenglocke hören. Es hat den Anschein, dass das laute Bimmeln vom Dorfzentrum herkommt. In Wahrheit aber nimmst du das Läuten nicht im Außen wahr, es ertönt in deinem Inneren. Kannst du dir das vorstellen? Kaum jemand macht sich darüber Gedanken, wie man hört, wo man hört, was Hören eigentlich ist. Hast du darüber schon einmal nachgedacht?

Dass man nicht außerhalb hören kann, ist den wenigsten bewusst. Das, was du mit dem Ohr hörst, erschallt nicht dort, wo du es vermutest. Auch was du siehst, geschieht eigentlich in dir. Die Welt als Projektion des Bewusstseins ist für dich definitiv dort wahrnehmbar, wo sie erscheint, aber im eigentlichen Sinne nicht ist.

Es heißt immer, dass der Mensch zu viel nachdenkt und er sich damit sein Leben erschwert. Eigenartigerweise denkt man andauernd über Dinge nach, die einen belasten. Und je mehr man sich mit Erdrückendem beschäftigt, umso mehr zieht es einen runter. Das, was einem Kummer und Bauchschmerzen bereitet, verändert und verbessert sich nicht, wenn man es zu Tode denkt. ***Die eigentliche Problematik liegt darin, dass man Sorgen intensiviert, indem man ihnen übermäßige Aufmerksamkeit schenkt und ihnen mit Abwehr begegnet.***

> *Sorgen sind nichts anderes als ein Sammelsurium von Gedanken, an die sich nur allzu gerne Gefühle klammern.*

Wie funktioniert der Mensch? Grundlegende Fragen zu unserer wahren Herkunft oder der Funktionalität der Sinne stellen sich nur die wenigsten. Nicht, weil das Thema uninteressant ist, sondern weil es komplex ist. Und vielleicht nicht ganz so spannend wie Bungee-Jumping oder so unterhaltsam wie eine wilde Party, aber völlig ungefährlich. Man merkt schnell, dass man mit klassischen Überlegungen nicht besonders weit in sich vordringen kann. Stößt man an seine Grenzen, ist man umgehend entmutigt. Man lässt es sein und belässt es dabei. Eigentlich schade. Man könnte auch dranbleiben, sich intuitiv führen, ja verführen lassen. Der Mensch aber ist ein Gewohnheitstier und bleibt lieber bei dem, was er kennt. Hören, Sehen, Riechen, Fühlen oder Atmen werden einfach hingenommen und als Selbstläufer abgetan. Wir hinterfragen all das nicht, weil wir es als gegeben erachten und keinen Grund dafür sehen, diesen Vorgängen auf den Zahn zu fühlen. Wir glauben, dass sie so sind, wie wir sie wahrnehmen. Wüssten wir, dass das alles ganz anders ist und wir darin Geheimnisse entdecken könnten, sähe das anders aus.

Liegt unsere Denkfaulheit in Bezug auf wesentliche Dinge daran, dass uns die Eindrücke der Welt erdrücken? Es kreist so viel Sinnloses in unserem Kopf umher, dass für Sinnvolles kaum Platz vorhanden ist.

Wer ist heutzutage nicht überfordert von all dem, was auf ihn einströmt? Unter der leistungsorientierten Gesellschaft, die uns allen viel abverlangt, leiden wir alle. Nicht jeder hat den Mut, aus diesen Strukturen zumindest rational auszubrechen, was zumindest ein Anfang wäre. Bei der medialen Reizüberflutung haben wir es ebenfalls mit einer Herausforderung zu tun. Der Mensch ist ein sensibles Wesen und wird mit unendlich vielen Sinneseindrücken konfrontiert, die kaum noch zu verarbeiten sind. Das digitale Zeitalter fordert seine Tribute. Gereiztheit wird durch ununterbrochene Erreichbarkeit geschürt. Wie viel verträgt der Mensch? Wann ist das Fass voll? Und wann läuft es über? Wie soll man da noch ein inneres Kind wahrnehmen, geschweige denn, mit ihm in Kontakt treten?

Dann ist da noch das Gehirn, das ständig nach Lösungen sucht und Strategien entwickelt, um vorhandene Sorgen und Konzepte abzuschwächen und auszubalancieren. Der verzweifelte Ruf der Seele wird übertönt. Raum für Entfaltung? Fehlanzeige!

Nicht schon wieder diese Frage!

Wem seine Bewusstwerdung nicht gleichgültig ist, kommt an der *Wer-bin-ich-Frage* nicht vorbei, auch wenn er sie für einfältig hält. Die Frage ist nicht doof, weil sie doof ist, sondern weil wir keine Antwort darauf haben.

Es gibt aber noch seltsamere Fragen, die du vielleicht auch nicht hören willst: *Was war ich?* oder *Was bin ich seit jeher?* Diese Fragen lassen sich nicht »wissen«, nur realisieren. Worauf diese Fragen tatsächlich hinauswollen, scheint unklar zu bleiben. Vielleicht wollen sie uns ja bewusst verwirren? Das wäre eine Option! Es gibt nämlich nichts Besseres, als wenn der Verstand aussteigt und nicht mehr denken kann. Dann wird es nämlich still in uns, und die Chancen stehen gut, Entspannung zu finden und zur Ruhe zu kommen. Diese Momente sind rar, wie du vielleicht auch bestätigen kannst.

Wenn man diesen Fragen in seinem Herzen Raum zur Entfaltung gibt, keine Antwort erwartet und wirken lässt, wird sich zu gegebener Zeit eine Antwort zeigen. Bleib dran und vertraue, damit es eine gute Richtung annehmen kann. Stets offen zu sein, ist besser, als abzublocken. Abenteuerlust ist besser als Erstarrung. Der Weg zu sich selbst ist ein Abenteuer! Von den Fragen solltest du dich aber nicht ablenken und auch nicht entmutigen lassen. Erwarte nichts, lass sie los und freue dich auf das, was sich unerwartet auftun wird.

Der Mensch neigt dazu, allem, was ihm nicht geheuer ist und sonderbar erscheint, aus dem Weg zu gehen. Er lehnt grundsätzlich ab, was er sich nicht vorstellen kann. Dies zeigt uns, dass jeder davon überzeugt ist, dass er die Wahrheit für sich gepachtet hat. Jeder glaubt, recht zu haben und im Recht zu sein – eine wirklich amüsante Gegebenheit. Wie könnten Vorstellungen und Ansichten jemals die Wahrheit beinhalten, wo es doch Milliarden davon gibt? Auch wenn sich viele davon gleichen, sie bleiben persönlicher Natur. Jede Vorstellung enthält die Wahrheit, aber eben nur die eigene. Das klingt logisch und wir wissen das, doch wir blenden das aus und tun so, als ob wir es nicht wüssten. Die Ignoranz des Ich ist wirklich unübertrefflich – und wir alle sind davon betroffen. Die persönliche Wahrheit bleibt begrenzt und sagt nur etwas über die Person aus, was wirklich sehr wenig ist.

Unsere Kindheit hat uns geprägt und zu dem gemacht, was wir heute sind. Der Kern des inneren Kindes kennt weder Vorurteile noch Meinungen, es ist frei von Konzepten und Ablehnungen. Auch wurde es nie verletzt. Doch im Laufe der Zeit hat sich ein dicker, schwerer Umhang um das Kind gelegt, mit ein Grund, dass wir den Kontakt zu ihm verloren haben. Du erinnerst dich an die Decken?

Man könnte sagen, es ist das Gewand des inneren Kindes, das zwischen uns steht, nicht das Kind selbst. Es ist seinem Ursprung nahe wie du! Unantastbar, unbescholten und pur. Das Gewand ist eine Schicht aus Erschütterungen und Verletzungen, die uns nicht nur abgehärtet und verformt, sondern unglaublich viele Missverständnisse erzeugt hat. Es ist das, was wir den »dicken Panzer« nennen, ein Selbstschutz, dessen Eigendynamik äußerst kraftvoll ist. Der Schutzpanzer nimmt mit den Jahren zu, die eigentliche Identität der Seele schwindet. Kein Wunder, dass wir die freudvolle und unbeschwerte Seite des inneren Kindes aus den Augen verloren haben.

Die Überzeugung, etwas anderes zu sein, als wir eigentlich sind, ist zu unserer Realität geworden. Unbemerkt bleibt, dass dies ein großer Irrtum ist.

Denn der Mensch *ist* nicht, er *erscheint*. Und zwar vorübergehend als Spiegelung im Bewusstsein. Das hatten wir schon. Unser eigentliches Sein ist Geist: Spirit. Geist ist Licht und Liebe, unser wahrhaftiges Sein. Mit dem physischen Dasein ist das anders, denn Dasein ist der menschliche Aspekt mit seinen Erfahrungen, die mithilfe der Sinne ermöglicht werden. Das Sein wird durch nichts gesteuert oder manipuliert, das geschieht nur mit dem Schein: dem irdischen Leben!

Das, was erscheint, definiert sich über den Verstand; das, was wir wirklich sind, definiert sich über nichts. Es braucht keine Definition, es genügt sich selbst, so wie es die Liebe tut. Es *ist* aus sich selbst heraus. Eine starke Überzeugung hat sich im Menschen eingeschlichen, die ihn glauben lässt, begrenzt und vergänglich zu sein. Dies betrifft aber nur den Körper, die Hülle der Seele. Bewahren und Festhalten an dieser Scheinidentität gleicht einer Herabstufung unserer eigentlichen Vollkommenheit.

Wir haben unsere eigentliche Identität also aus den Augen verloren und sind davon überzeugt, etwas ganz anderes zu sein, und reduzieren uns auf das Menschsein. Ja, wir sind Menschen, aber eben nicht nur. So praktizieren wir seit Jahren unbewusst ein sogenanntes Downgrade unseres eigentlichen Seins. Wenn man sich lange genug einbildet, krank zu sein, wird man es. Wer davon ausgeht, ein begrenztes Wesen zu sein, wird sich definitiv als solches erfahren.

Aber: Wie kann ich mich dem annähern, was ich wirklich bin?

Ich kann dem inneren Kind seine schmutzigen Kleider nicht auf einmal vom Leibe reißen, weil ich seine leuchtende nackte Schönheit nicht ertragen würde. Aber ich kann damit beginnen, mich selbst zu erforschen und mich so diesem Kind in mir anzunähern. Es schadet nicht, das von Blessuren gekennzeichnete Wesen etwas besser kennenzulernen. So kannst du Verhaltensweisen, Gewohnheiten und Bedürfnisse besser verstehen und infrage stellen.

Sich dir selbst anzunähern, klingt einfach, was es aber nicht ist. Die Welt gehört den Mutigen – und um all seinen Unzulänglichkeiten auf die Schliche zu kommen und sich an alte Verletzungen heranzuwagen, braucht es wirklich Mut.

Würdest du all die schlechten Eigenschaften und garstigen Verhaltensweisen, die du an den Tag legst, nicht dir selbst zuschreiben, hättest du kein Problem damit. Es ist an der Zeit, dir bewusst zu werden, dass du das *nicht bist*. Es sind lediglich Schichten, die sich nach und nach über dich gelegt haben und irgendwie an dir kleben geblieben sind. Im Laufe der Zeit sind sie zäh geworden wie Pech, trotzdem *gehören* sie dir nicht. Oder besser gesagt: Gott sei Dank!

Empfindungen, Sicht- und Verhaltensweisen, die sich mit der Zeit eingeschlichen haben, können wir ja nicht *sein*. Da wir sie bei unserer Geburt noch nicht hatten, besteht die Möglichkeit, sie wieder abzulegen. Das kann man nicht oft genug wiederholen. Alte Verletzungen führen zu Hartherzigkeit, und diese mutiert zu eigenartigem Benehmen. Das Ergebnis: Hilflosigkeit! Der Hilfeschrei des inneren Kindes aber wird überhört. Bedenke jedoch, dass es dein Schrei ist! *Seine Umhüllung ist zum Mittelpunkt deines Lebens geworden, sie regiert dich!* Diese Deformationen haben einen enormen Einfluss auf den Verlauf der Dinge, dein Verhalten und dein Leben. Ist die Liebe zu dem inneren Kind und all seinen Verletzungen, die all die Missstände ausgelöst haben, die heilende Kraft? Ich glaube: ja.

Deine Angst- und Sorgenkammer benötigt keinen neuen Anstrich, sie muss entleert werden. Eine neue Farbe würde deinen Kummer nur kurzfristig besänftigen. Wir wollen nichts überdecken, Überdecktes gibt es bereits genug. Wir wollen nichts von einem Ort an den anderen verschieben und auch nichts mehr unter den Teppich kehren. Alles darf hochkommen und sich zeigen. Das muss es sogar! Es gibt nichts zu verschweigen, aber Schatten zu überwinden. Erlebe dich in einem neuen Licht.

Dein inneres Kind wartet darauf,
von dir in den Arm genommen zu werden.
Lass es nicht allzu lange warten.
Nicht, damit es nicht länger traurig ist,
sondern damit du endlich in Freude
leben kannst.

Leserunde

Als ich noch regelmäßig Seminare abhielt, war der Begriff *inneres Kind* noch nicht so bekannt, wie er es heute ist, aber es gab Menschen, denen er durchaus geläufig war. Es kam immer wieder vor, dass ich mich nach dem Abendessen zu den Teilnehmern an den Tisch setzte, um mit ihnen auch außerhalb des Seminars etwas Zeit zu verbringen. So ergab es sich, dass wir zusammensaßen. Ich weiß nicht mehr, wie es dazu gekommen war, auf alle Fälle sagte ein Mann, der mir gegenübersaß, dass er schon einiges über das innere

Kind gehört hatte, aber nicht wirklich wüsste, was er damit anfangen sollte. Ich musste schmunzeln. Vielleicht war es neben dem Thema auch die Ehrlichkeit des Mannes, die bei allen Anwesenden am Tisch auf reges Interesse gestoßen war. Ich hielt mich zurück und war gespannt, welche Meinungen zum Vorschein kommen würden.

»Mich würde interessieren, was das innere Kind für euch bedeutet und was ihr darunter versteht?«, unterbrach er die lebhafte Diskussion. Die Blicke am Tisch sprachen Bände. Er wandte sich zu mir und sagte: »Herr Tepperwein, darf ich Sie bitten mitzumachen?«

Nachdem ich zugestimmt hatte, sagte ich: »Wir könnten unsere Antworten hier in diese Schachtel legen und jeder zieht einen Zettel, den er dann vorlesen kann. Ich halte das für eine gute Idee. So können die Antworten nicht direkt zugeordnet werden und niemandem muss seine Antwort peinlich sein!«, überlegte ich laut. Ich ahnte, dass dies heikel werden könnte.

Alle nickten und es wurde mucksmäuschenstill. Jeder hielt ein Stück Papier und einen Bleistift in der Hand. Manche schrieben dann eifrig, einige überlegten, andere rutschten unruhig auf ihrem Sessel hin und her. Trotzdem gab es keine Spannungen, die hatte ich mit meiner Überlegung gekonnt zu verhindern gewusst. Nun konnte jeder offen und ehrlich schreiben, was er wollte.

Es verstrich einige Zeit, bis alle Zettel in der karierten Schachtel versammelt waren, die wir kurzerhand zweckentfremdet hatten. Es wurde noch kräftig durchgemischt und schon konnte es losgehen.

Beherzt eröffnete ich die Vorleserunde. Alle Augenpaare richteten sich erwartungsvoll auf mich, als ich zu lesen begann. »Auf Zettel Nr. 1 steht: *Das innere Kind ist, wie der Name schon sagt, mein Innerstes. Es ist verletzlich, aber auch stark.*«

Kurz und bündig, dachte ich bei mir, das konnte nur noch ausführlicher werden. Nun war mein Nachbar an der Reihe. Er las: »*Unter dem inneren Kind verstehe ich einen Teil von mir, der in mir wohnt. Es ist der Teil, der nie erwachsen wird, der nicht urteilt, sich immer freut und voller Hoffnung und Neugier ist. Es ist etwas Kostbares, was man wertschätzen soll, aber wenn ich so darüber nachdenke, glaube ich, dass das, was ich gerade schreibe, nur Gedanken sind, die ich mir über dieses innere Kind mache und nicht wirklich etwas mit ihm zu tun haben. Auch wenn mir das innere Kind nahe sein müsste, ich glaube, das ist es nicht.*«

Diese umfangreiche Antwort machte alle auf eine Art und Weise betroffen. Das sah man ganz eindeutig an den Blicken. Doch schon kurze Zeit später folgten die nächsten Worte, die diesmal eine Frau an die Runde richtete: »*Das innere Kind muss man liebhaben, es braucht Schutz und Fürsorge. Vielleicht ist dieses Kind in einem die Liebe. Ich bin mir nicht sicher, denn dann müsste es ja unverletzbar sein. Eventuell könnte man es auch als Seele bezeichnen.*«

Es herrschte kurzes Schweigen, bevor ein jüngerer Mann eine weitere Antwort an alle kundtat. Auf Zettel Nr. 4 stand Folgendes geschrieben: *»Ich habe viele Varianten im Kopf, aber ich finde keine davon so gut, um sie hier festzuhalten. Da niemand weiß, von wem diese Antwort ist, kann ich ja sagen, dass ich trotz meiner Einfälle tatsächlich keine Ahnung habe, was es mit dieser Arbeit mit dem inneren Kind auf sich hat. Ich erinnere mich an eine unbeschwerte Kindheit, für die ich sehr dankbar bin.«*

Eine tolle Antwort, dachte ich bei mir. Entschlossen fuhr jemand unverzüglich mit der nächsten Erklärung fort: *»Ich habe schon von der Arbeit mit dem inneren Kind gehört, was mich aber nicht angesprochen hat. Das innere Kind muss ja verletzt und verzweifelt sein, wenn man mit ihm arbeiten muss. Ich glaube aber, dass es unantastbar ist. Auch wenn ich nicht wirklich weiß, was damit gemeint ist, arbeiten möchte ich mit dem inneren Kind nicht. Ich kann mir gut vorstellen, mit ihm zu spielen und herumzutollen und es in den Arm zu nehmen.«*

Verletzlichkeit kam nun schon zum zweiten Mal zur Sprache. Wir alle sind zerbrechliche Wesen. Uns ist gar nicht bewusst, wie feinfühlig wir sind, ging es mir durch den Kopf.

»Eine schöne Antwort«, gab eine ältere Frau von sich. Einige stimmten zu, dann begann sie vorzulesen: *»Unbeschwert zu sein wie ein Kind, wer möchte das nicht? Ich habe so viel zu tun, warum sollte ich auch noch mit meinem inneren Kind arbeiten? Ich würde mir ja noch mehr Arbeit aufhalsen, als ich ohnehin schon habe.«*

Es scheint unzählige Antworten zu geben. In allen spiegelt sich die Person wider, die sie von sich gegeben hat. Die ältere Frau zuckte mit den Schultern. »Vielleicht könnte es uns ja Arbeit abnehmen, das wäre schön!«, ergänzte sie schelmisch, was für lautes Gelächter sorgte.

»Es muss ja nicht gleich gemeinsames Holzhacken sein«, fügte ich schmunzelnd hinzu. Alle lachten.

Die nächste Antwort berührte mich besonders. Auf dem Zettel stand: *»Ich will mit dem inneren Kind nicht arbeiten, ich will es lieben.«* Kurz und bündig. Man schaute sich gegenseitig an und ich vermutete, dass sich manch einer so wie ich fragte, wer das geschrieben haben könnte. Ich war es nicht.

Ein Mann war nun an der Reihe. Er las laut vor: *»Ich habe mit meinem inneren Kind schon gearbeitet. Es gibt ein Erlebnis, das sich wie ein roter Faden durch mein Leben zieht. Bei dieser Arbeit kamen auch andere Themen an die Oberfläche, die sich vorwiegend auf meine Beziehung auswirkten. Ich war nicht ich selbst. Nach diesen Sitzungen ging es mir besser. Ich denke nicht mehr so oft an diese Zeit und mein Verhalten hat sich geändert, aber irgendwie habe ich das Gefühl, dass das noch nicht vom Tisch ist. Trotzdem kann ich es jedem empfehlen, der eine Last mit sich herumträgt und sich dadurch befangen fühlt.«* Alle Blicke trafen sich nun bei dem Mann, der diese Aktion ausgelöst hatte. Seine Unsicherheit verriet uns, dass diese Zeilen ganz eindeutig ihm zuzuordnen waren.

Es lagen noch zwei Zettel in der Schachtel. Auf einem stand ein Fragezeichen und einer blieb leer.

Vielleicht wunderst du dich, dass ich mich so gut an die Situation erinnern kann. Um das Rätsel um mein vermeintliches Mammutgedächtnis zu lüften: Ein Seminar-Teilnehmer hat diese Begebenheit in seiner Diplomarbeit festgehalten. Ich hatte große Freude daran, die Situation noch mit meinen Worten auszuschmücken, nachdem ich die Arbeit gelesen hatte. Dabei sah ich mich dort sitzen, wo ich vor vielen Jahren saß. Wieder ein Beweis, dass man immer dort ist, wo man hindenkt.

Diese Diplomarbeit bewahre ich mit zwei anderen in meinem Büro auf. Sie haben mich von allen am meisten berührt. Manchmal nehme ich sie zur Hand und führe sie mir zu Gemüte. Dass ich dafür eines Tages in irgendeiner Form Verwendung haben würde, konnte ich nicht wissen. Danke, Horst, wenn du das hier lesen solltest.

Nichts geschieht umsonst![1] Das bewahrheitet sich immer wieder. Dieser wunderbare Satz, der übrigens auch einer meiner Buchtitel ist, begleitet mich schon lange durch mein Leben.

Wie du erkennen kannst, sind alle Antworten grundlegend verschieden. Was die Arbeit mit dem inneren Kind wirklich bedeutet, wird jeder Anwender selbst in Erfahrung bringen. Es ist gut, mit dem inneren Kind zu arbeiten, wenn man das tun will. Aber es ist ebenso gut, die Arbeit mit dem inneren Kind abzulehnen, wenn man keine Resonanz dazu hat. Mir ist es wichtig, dies ausdrücklich zu erwähnen und nicht für oder gegen etwas zu sein. Neutralität ist ein hohes Gut, das wir ebenfalls zum Leben erwecken sollten, sofern wir es vergessen haben.

Es gibt so viele unterschiedliche Wege und Möglichkeiten. Jeder geht seinen Weg, der immer zu 100 Prozent richtig ist. Eine Meinung sagt nichts über das Besagte, aber alles über den Menschen aus, der durch seine Meinung ausschließlich etwas über sich selbst preisgibt. Das wusste übrigens schon der deutsche Quantenphysiker Werner Karl Heisenberg, der für diese Erkenntnis von vielen geachtet und gefeiert wird.

Resümee: Ich saß am Tisch mit einer Frau, die überarbeitet war, mit mehreren Menschen, die verletzt worden waren, mit einem Mann, der sich selbst infrage stellte, und mit Personen, die sich nicht ausdrücken konnten oder wollten. Etwas haben sie alle gemeinsam: Sie sehnen sich nach Liebe, nach der Heimkehr zu sich selbst. Da sind Hemmungen, Widerstände, Urängste, Befangenheit, Scheu, Komplexe, Minderwertigkeitsgefühle und noch mehr Lasten – alles, was sich in uns angesammelt hat. Da wir das bei unserer Geburt nicht im Gepäck hatten, stehen die Chancen gut, sich davon befreien zu können.

Was hättest du auf den Zettel geschrieben, wenn du mit uns an diesem Tisch gesessen wärst? Was fällt dir ein, wenn du den Begriff inneres Kind hörst? Was würdest du zu der Arbeit mit dem inneren Kind sagen, ohne das miteinzubeziehen, was du bis jetzt darüber gelesen oder gehört hast?

Facetten des inneren Kindes

Polarität ist ein Prinzip, das den Gesetzmäßigkeiten des Lebens unterliegt. Alles unterscheidet sich voneinander und hat unendlich viele Aspekte. Unsere Welt und was in ihr erscheint, ist gegensätzlich, alles zeigt sich immer von zwei Seiten. Oben und unten, hell und dunkel, leicht und schwer, dick und dünn, was auch immer: Alles schwingt in Gegensätzen. Das innere Kind hat viele Eigenschaften, die sich in eine helle und dunkle Seite spalten. Ich kann aus eigener Erfahrung sagen, dass es mal zynisch, übermütig, verletzt, beleidigt, aufbrausend und trotzig sein kann. Dann gibt es dieses liebevolle, freundliche, gutmütige, nachsichtige und herzliche Kind – der vollkommene Gegensatz. Es ist wie bei uns Erwachsenen: Die eine Seite macht uns das Leben schwer, die andere versüßt es. Auch im Kopf scheint es Engelchen und Teufelchen zu geben, zwei verschiedene Kontrahenten, die sich ständig uneinig sind.

In unserem inneren Kern sind wir ohne Eigenschaften, ungebunden und frei, das wissen wir bereits. So verhält es sich auch mit dem inneren Kind, das ebenfalls von Konzepten befreit und völlig unbeschwert ist. Wäre da nicht das Leben, das viele Tücken in sich birgt und dem Menschen einen leeren Rucksack mit auf den Weg gibt. Zu Beginn der Reise ist er leicht, doch nach und nach füllt er sich mit emotionalem Ballast.

Als Erwachsene werden wir damit ganz schön auf Trab gehalten, weil wir diese Last spüren. Unterschwellig ist immer etwas da, auch wenn wir uns vorübergehend wohlfühlen. ***Zuerst müssen wir uns bewusst machen, dass wir etwas mit uns tragen. Dann sollten wir herausfinden, woraus dieses Gepäck besteht. Dazu müssen wir stehen bleiben und uns den Lasten widmen.*** Solange es uns gut geht, kommt uns das nicht in den Sinn. Einschneidende Erlebnisse wie Pleiten, Trennung oder Krankheit helfen uns dabei, die Sache in Angriff zu nehmen. ***Gravierende Ereignisse sorgen für Kummer, sie sind aber nicht die eigentliche Not, sondern sie rufen die not-wendige Wende auf den Plan!*** Es braucht Auslöser, um eine Kehrtwende einzuleiten, weil kaum jemand seine alten Schuhe freiwillig ausziehen will. Die Macht der Gewohnheit, Sicherheitsdenken, Entscheidungsunlust und Bequemlichkeit hindern uns daran, den Rucksack anzunehmen. Sobald wir ihn öffnen, wird es brenzlig, keine angenehme Angelegenheit!

Das innere Kind begleitet uns ständig, und nur als Kleinkind sind wir ihm nahe. Bei unserer Geburt waren wir eins, die Abspaltung begann erst später. Die Jahre gehen ins Land und das Leben wird immer anstrengender und hektischer, Sorgen werden zum steten Begleiter. Wir sehnen uns nach Ruhe, auch wenn wir nicht wissen, wie die wirklich aussehen soll. Kommen wir endlich zur Ruhe, drängt uns etwas zur »äußeren Bewegung«, das heißt, dazu, etwas zu tun und von der Ruhe abzulenken. Es ist, als ob unsere Schattenseiten die stillen Momente als Einladung verstehen – warum sonst kommen sie immer dann zum Vorschein, wenn wir abschalten wollen? Auch wenn es unangenehm ist: Sie unterdrücken, ignorieren oder loswerden zu wollen, ist bestimmt keine Option. ***Wir sollten alles annehmen, was uns beschäftigt und bedrückt, und nicht nur das schätzen, was wir als gut empfinden.*** So verhält es sich auch mit dem inneren Kind. Warum sollte seine unbeschwerte Freude mehr wert sein als seine Traurigkeit? Wer einen Teil ablehnt, lehnt das Ganze ab. Ein einziger fauler Apfel wird alle Äpfel im Korb ungenießbar machen. Entferne das, was dich bedrückt, liebevoll und ohne Ablehnung, damit das Gute weiterhin bekömmlich bleibt.

Um unseren friedvollen inneren Kernpunkt aufzuspüren, müssen wir Kind und Erwachsenen vereinen. Alte Verletzungen müssen ausheilen, und dafür kann bewusst etwas beigetragen werden. Wir haben viel erlebt und Situationen durchlaufen, die uns geprägt haben. Dem, was uns unbewusst oder bewusst belastet, muss nicht immer etwas Dramatisches zugrunde liegen. Auch flüchtige Momente, wo wir uns allein gelassen, unverstanden oder angegriffen gefühlt haben, hinterlassen Spuren. Die Unbeschwertheit des inneren Kindes verblasst über die Jahre und im Laufe der Zeit hat sich ein schwerer Umhang darum gelegt, der immer undurchlässiger und noch schwerer wird. Mit ein Grund, warum wir den Kontakt verloren haben?

Wunden und Narben, die man nicht sehen kann

Es gibt selten Babys, die durchschlafen. Kaum sind sie auf der Welt, wird man von allen gefragt, wie sich die Nächte gestalten. Da man mit dieser Frage häufig konfrontiert wird, geht man davon aus, dass dieses Thema wichtig ist. Automatisch suggeriert man, dass an einem Baby, das nicht durchschläft, etwas verkehrt ist. Fragen wie *Warum schläft es nicht durch?, Warum schreit es so laut?, Warum ist es so unruhig?* sind absoluter Nonsens. Der Verstand will uns aber etwas anderes einreden: Man würde dem Durchschlafen ja nicht so viel Aufmerksamkeit schenken, wenn es keine Rolle spielen würde. Warum wird angenommen, dass ein Baby durchschlafen muss? Weil man es immer schon so haben wollte? Ich würde sagen, dass ein Marathon-Schlaf-Baby nicht normal sein kann. Der Mutterinstinkt würde sofort Alarm schlagen und denken, dass mit dem Kind etwas nicht stimmt, wenn es über Stunden keinen Laut von sich gäbe. Der Mutterinstinkt weiß mehr als das Gehirn. Weil der Mensch Schlaf braucht und er unausgeglichen wird, wenn er diesen nicht ausreichend zur Verfügung hat, sollte das Baby ebenfalls Ruhe geben.

Ich wüsste keinen anderen Grund. Es geht also nicht um das Wohlbefinden des Kindes, sondern um das der Eltern.

Ich kann gut nachvollziehen, dass sich niemand wünscht, mit blank liegenden Nerven durch den Tag zu spazieren, aber an dieser Stelle: Grüße an das Ego. Der beliebte Bestsellerautor André Stern, den ich sehr schätze und seit vielen Jahren kenne, erforscht solche Phänomene und widmet sein Leben ganz dem Wohl der Kinder. Er selbst ist nie zur Schule gegangen und als Botschafter der Kindheit ein international gefragter Referent. Ich schätze seine Arbeit sehr und kann sie jedem nur ans Herz legen, der sich für das Thema »Kinder begleiten statt erziehen« interessiert.

Beobachte dich selbst, wenn du mit Menschen sprichst, die gerade Eltern geworden sind. Diese Durchschlaf-Frage ist ein Phänomen, ein Selbstläufer, der uns von unsichtbarer Hand in den Mund gelegt wird, wie auch André Stern berichtet. Jedes Lebewesen ist unendlich sensibel, und wie du siehst, werden wir mit Verletzungen schon ziemlich früh konfrontiert: zum Beispiel, wenn wir schreien und uns die Mutter nicht in den Arm nimmt, oder wenn in späteren Jahren die schulischen Leistungen nicht ausreichen – um nur zwei Beispiele von unendlich vielen zu nennen. Sogar als Erwachsener sprechen wir noch darüber, dass wir gut oder schlecht in der Schule waren. Viele Menschen waren schlecht in Deutsch. Einige konnten nicht rechnen. Wenn wir uns bewusst wären, was eine Aussage wie *Ich bin miserabel in Deutsch, Ich bin schlecht in Mathematik, Ich bin nicht gut in Geografie* anrichten kann, würden wir uns zweimal überlegen, ob wir sie erneut aussprechen würden. Damit verletzen wir uns selbst. Früher wurde uns gesagt, dass wir nicht gut sind, und heute, so viele Jahre später, sagen oder denken wir es *immer noch*. Wir sagen es uns selbst, wir denken es selbst. Die Fallstricke von Gewohnheiten darf man nicht unterschätzen. Interessant, dass wir uns dieser kaum bewusst sind. Wie wollen wir eine negative und vor allem folgenreiche Gewohnheit ändern, wenn wir sie nicht einmal als solche wahrnehmen können?

Ich bin miserabel ..., Ich bin schlecht ..., Ich bin nicht gut ... Was auch immer hinten drangehängt wird, mit dieser Aussage fügen wir uns eine Verletzung zu. Bist du dir dessen bewusst? Es ist eine Bewertung, eine Kritik, eine Missachtung deiner selbst. Es fragt sich, was schlimmer ist: sich selbst runterzumachen oder es früher von anderen erfahren zu haben? Wie kann man zu jemandem sagen, dass er schlecht ist? Gibt es einen Maßstab? Liegt der Maßstab im Vergleich mit den scheinbar »Besseren«? Nur weil man sich für etwas nicht interessiert, ist man noch lange nicht schlecht darin. Wir müssen nicht überall gut sein, wir können überall so sein, wie wir sind. Ich bin ja auch nicht schlecht im Klavierspielen, nur weil ich es aus fehlendem Interesse noch niemals ausgeübt habe, oder?

Dann gibt es auch noch diese *Ich-kann-nicht*-Aussagen, mit denen wir das ganze Leben lang zu tun haben. Früher hat man uns eingeredet, was wir nicht können. Wenn wir es versuchen wollten, wurde es, wenn wir Pech hatten, gleich im Keim erstickt: *Lass es, du kannst es ohnehin nicht! Wie willst du das zuwege bringen? Du hast nicht das Talent dazu! Mach etwas Einfacheres, etwas, das dir liegt!* – Uff! Wie oft hört man sich selbst sagen, dass man etwas nicht kann. *Kannst du mir diese Sprachnotiz bitte per E-Mail schicken? Ich kann das nicht. Ich weiß nicht, wie man das macht.* Solche *Ich-kann-nicht*-Aussagen kann man sich sparen. Bevor ich mich nicht an etwas herangewagt habe, kann ich nichts dazu sagen. Eine Negativspirale kommt nicht von irgendwoher. Wir sind es, die sie ständig nähren. Nicht weniger kontraproduktiv und doof ist die Aussage *Ich glaube nicht, dass das funktioniert.* Wir müssen nicht an etwas glauben, sondern an uns selbst! Jeder Mensch trifft die Entscheidung aufgrund seines Selbstbewusstseins, ob er etwas bei einem Versuch belässt oder es vollendet. Jede klare Entscheidung wird vom Leben unterstützt. Es gibt immer genug Möglichkeiten, das zu schaffen, woran man nie geglaubt hätte, wenn man es sich von seinem Glaubenssatz nicht streitig machen lässt und sich deshalb nicht selbst im Wege steht. Schreite zur Tat, anstatt dich immer wieder aufs Neue zu verletzen. Man muss sich der Selbst-Sabotage bewusst sein, damit man sie beenden kann.

Man muss etwas nicht wissen oder können, um es zu tun, erst wenn man es tut, kann man es!

Dieser Satz hat mein Leben verändert – und auch mein Können. Ich habe irgendwann aufgehört mit diesem schwächenden, leidigen und Mitleid erheischenden *Das kann ich nicht.* Ich habe mir geschworen, diesen Satz aus meinem Leben zu verbannen. Ich habe eines Tages einfach das gemacht, wovon ich mich früher einschüchtern ließ, was nicht heißt, dass es immer auf Anhieb geklappt hat. Ich habe es so lange wiederholt, bis ich es konnte.

Ich kann nicht ist eine Aussage, die uns schwächt und uns die Möglichkeit nimmt, das zu tun, wovon wir uns distanzieren. Diese so schnell und salopp dahingesprochene Aussage ist nämlich nur selten so gemeint. Sie ist oft lethargischer Natur, aber auch mangelndes Interesse, Bequemlichkeit und Gleichgültigkeit können sich dahinter verbergen. Vergessen wir nicht die Selbstunterschätzung und das mangelnde Selbstbewusstsein, das uns nicht in die Wiege gelegt wurde, sondern irgendwann einmal entstanden ist.

Gedichte auswendig zu lernen und seitenweise Vokabeln zu pauken, kann man tun. Es wird für jeden ein Zwang bleiben, der es nicht voller Freude aus freien Stücken macht. Was vielen nicht bewusst ist, ist, dass unser Gehirn nicht dafür gemacht ist, Dinge auf unnatürlichem Wege zu lernen – womit ich unter anderem den Schulstoff meine. Kinder würden eigentlich ganz von selbst lernen, über das Spiel, in der Begegnung mit dem Leben und im natürlichen Umgang damit. Sobald wir durch schulische Ausbildungen in den Lernmodus hineingezwungen werden, beginnt das Desaster. Wir verlieren unsere Freude am Lernen, weil sie in eine Richtung gelenkt wird, die völlig unnatürlich ist. Es geht nicht darum, eine Methode zu bekritteln oder als verkehrt hinzustellen, sondern aufzuzeigen, dass es oft am falschen Verständnis und mangelnden Vertrauen dem Kind gegenüber liegt.

Wer sich also schwer damit tut, Grammatik zu lernen, hat einfach kein Interesse daran. Muss ich mich dafür interessieren? Ja, aber nur wegen der guten Noten. Nun ist es so, dass wir gewisse Dinge lernen müssen, wenn uns die Eltern in die Schule schicken. Ob wir das wollen oder nicht, den meisten geht es so. Weil es ja alle müssen, springen Eltern auf den Zug auf; und es ist bestimmt keine leichte Entscheidung, das Schulsystem aus dem Leben zu streichen. Es ist eine Frage der Organisation, es braucht viel Zeit und die Entscheidung, den Weg mit dem Kind gemeinsam zu gehen und immer für es da zu sein. Eine große Herausforderung, die man sich nicht nur finanziell leisten, sondern auch emotional zutrauen muss. Eine Verantwortung, der nicht jeder gewachsen ist; und es bedeutet auch, ganz im Wir-, im Eltern- und Familienbewusstsein aufzugehen. Das Ego sollte also nicht allzu groß sein, damit dieses Vorhaben gelingt und erfolgreich vollzogen werden kann.

Es wird uns immer wieder gesagt, was wir für das Leben brauchen, aber tatsächlich brauchen wir sehr wenig von dem, was uns in der Schule mitgegeben wird. Wir lernen in der Schule unter Zwang und vieles, was später überflüssig ist. Wir lernen nichts aus Freude und nur wenig über den Sinn des Lebens oder über Bewusstwerdung. Wir lernen zu wenig über Ernährung, zu wenig über Bewegung und zu wenig über Hilfe zur Selbsthilfe. Wir lernen zu wenig über die Natur und zu wenig über uns selbst. Nach einem Unterrichtsfach namens Menschlichkeit und lebensnahe Praktiken kann man ebenfalls lange suchen. Man könnte sagen, alles, was uns wirklich dient und die Menschheit unterstützt und voranbringt, ist nicht dabei. Warum ist das so? Eigentlich kann man es nicht als schade bezeichnen, da es in diesem System gar nicht anders möglich ist. Warum ich das so sagen kann?

Weil uns andere Menschen nur das mitgeben können, was sie selbst wissen oder erfahren haben. So wie es in der Wüste keinen Skilehrer gibt, gibt es in der Antarktis keinen Bademeister. Würde einer der oben genannten Punkte unterrichtet werden, bräuchte es zuallererst jemanden, der davon Kenntnis hat und folglich die Priorität erkennt. Es müsste in der Politik dafür ein Bewusstsein vorhanden sein. Anschließend bräuchte es jemanden, der das Wissen weitergibt. Woher nehmen, wenn nicht stehlen, erfinden oder bauen? Scherz beiseite!

Im medizinischen Bereich ist es nicht anders als an Schulen. In Deutschland wird nur an zwei Kliniken gelehrt, wie wichtig Hormone für den Menschen sind. Dass es ohne einen intakten Hormonhaushalt keine Gesundheit geben kann, wissen die meisten Ärzte nicht. Sie reagieren darauf abweisend und belächeln den Patienten, der sich aus ihrer Sicht etwas zu viel herausnimmt. Wie kann man nur so dreist sein und sich als Laie für so ein exotisches Thema interessieren! Vielen Ärzten fehlt der grundlegende Baustein, um dem Menschen wirklich zu dienen und ihn in seiner Gesundheit zu unterstützen. Nur weil ein Arzt nicht bereit ist, sich mit der tatsächlichen Ursache von Krankheit auseinanderzusetzen, gibt ihm das nicht die Freiheit, den bewussten Patienten als verkehrt hinzustellen. Wer sein Geschäft wahrt, um Medikamente zu verkaufen, die Symptome unterdrücken und nur vorübergehend lindern, sollte keinen Freibrief haben.

Um auf das Thema Kindheit zurückzukommen: Wenn wir nur Dinge lernen müssen, die uns nicht interessieren, beeinflusst das unser Selbstwertgefühl, unser Selbstbewusstsein und unsere Freude am Leben. Wir alle tragen viele Fähigkeiten in uns, die aber verloren gehen, wenn wir uns nicht damit beschäftigen. Da wir uns im wortwörtlichen Sinne mit so vielen anderen Dingen herumschlagen müssen, fehlt uns logischerweise irgendwann die Energie und der notwendige Eifer, unser Potenzial zu entwickeln und auszubauen. Das, was uns einst verletzt, beeinflusst und manipuliert hat, ist uns oft gar nicht bewusst. Mit ein Grund, um innezuhalten und die Aufmerksamkeit ab und an von außen nach innen zu verlagern.

Wer eine tolle Kindheit hatte, kann das wertschätzen und wirklich dankbar dafür sein. Wir müssen nicht unbedingt Rabeneltern gehabt haben oder schlecht behandelt worden sein, um Schäden erlitten zu haben. Kein Mensch ist fehlerlos, und das kann man auch von Eltern nicht erwarten. Jeder versucht, sein Bestes zu geben. Auch wenn wir das bei anderen nicht so sehen, es ist so, denn jeder kann nur das weitergeben, was er in sich trägt. Welche Früchte hat er in seinem Leben angesammelt? Sind es reife, saftige, faule, angeknabberte, harte, weiche, süße oder bittere? Wir sollten also keinen verurteilen, da wir in niemanden hineinschauen können.

Kindern muss man Selbstvertrauen vermitteln. Das ist aber nur möglich, wenn man auch selbst über ein solches verfügt. Dass man uns jahrelang gesagt hat, was wir zu tun und zu lassen haben, was richtig und falsch ist, was sich gehört und was wir auf keinen Fall tun sollten, hat das Vertrauen in uns selbst enorm geschmälert. Kaum ein Kind wird von Eltern begleitet, die meisten werden erzogen. Wer seine eigenen Erfahrungen weitergibt, weiß nur allzu gut, wie die geartet sind. *Wenn du brav bist, bekommst du Schokolade.* Es wird also etwas in Erwartung gestellt, wenn das Kind sich so verstellt, wie ich es haben will.

Wenn du nicht brav bist, kommt dich der Krampus holen. Die umgekehrte Form steht für noch mehr Hilflosigkeit der Eltern. Es ist eine Drohung, die nicht gerade harmlos ist. Solche Androhungen kennen wir zur Genüge: *Wenn du nicht folgst, darfst du am Wochenende nicht fernsehen. Bevor du deine Aufgaben nicht gemacht hast, darfst du nicht spielen. Wenn du nicht aufisst, gibt es keine Nachspeise. Wenn du deine Schule nicht abschließt, wird nichts aus dir. Wenn du ausziehst, bekommst du keine Unterstützung von uns.*

Wir wollen diese erpresserischen und unbeholfenen Aussagen nicht weiter ausführen. Es ist schlimm genug, dass sie in der heutigen Zeit immer noch Verwendung finden. Denn es kommt tatsächlich einer Verletzung gleich, dem Kind zu vermitteln, dass man es nur liebt, wenn es so ist, wie man es haben will.

Kindern, die hyperaktiv sind oder Lernschwierigkeiten haben, wird meistens Unverständnis entgegengebracht. Man versucht sie geradezubiegen, anstatt zu ergründen, warum sich das Kind so verhält. Das hat natürlich einen Grund und geschieht bestimmt nicht, um die Eltern zu ärgern und die Lehrer auf Trab zu halten. Es gibt so viele Dinge, die wir anschauen können, und es ist ratsam, weil es hier etwas zu lernen gibt. Alle Erfahrungen tragen eine wichtige Botschaft in sich – erkläre dich bereit, ihr auf die Schliche zu kommen.

Welche Punkte, Sätze, Impulse des theoretischen Teils waren für dich besonders, wissenswert, hilfreich, aussagekräftig? Schreibe sie nieder.

PRAKTISCH GESEHEN

Mittendrin

Den Verletzungen auf der Spur

Prägungen, Konflikte und Spannungen – es gibt unzählige Brandherde in der Vergangenheit, die zu einem unsichtbaren Schwelbrand mutiert sind. Unterschwellig bilden sie eine Konstante. Es gibt genügend Gelegenheiten für all das, was sich eingenistet hat, um sich bemerkbar zu machen. Es flammt immer wieder auf und scheint so richtig hartnäckig zu sein. Wir spüren diese Plagegeister nicht immer, aber sie schweben wie ein Damoklesschwert über uns und verunmöglichen Ausgelassenheit und Entspannung. Sie beeinflussen unser Verhalten und nehmen Einfluss auf unser Leben.

Mit Entspannung meine ich nicht den Ausflug ins Thermalbad oder einen Fernsehabend auf der Couch, sondern die Entspannung, die das gesamte System ausgleicht. Muskeln, Nerven, Organe, alles befindet sich in ständiger Anspannung, die dann Druck schürt und für Unausgeglichenheit sorgt. Man möchte es nicht glauben, aber ein Entspannungskünstler, der den Körper völlig zur Ruhe kommen lässt, wenn man ihn lässt, ist der Orgasmus.

Wenn du unter deinen Verletzungen leidest und dir Entspannung wünschst, schreibe dir hier auf, welche Wünsche und Ziele du hast. Notiere dir aber auch deine Versäumnisse und Verletzungen. Es geht darum, dass du dich damit auseinandersetzt und aufschreibst, was dich belastet. Es geht darum, dir Zeit zu nehmen und dir deiner selbst und deiner Bedürfnisse, Schwächen und Stärken bewusst zu werden.

Meine Wünsche:

____

____

Meine Ziele:

____

____

Meine Versäumnisse:

____

____

Unbewusste Verletzungen:

____

____

Emotionen wie Ängste, Aggressionen, Wut, Gier oder Trauer sitzen tief. Die Eifersucht, aber auch unbefriedigte Sehnsüchte können uns ebenfalls ganz schön zusetzen. Wollen wir uns nun die Schwerenöter etwas genauer anschauen, die wie Blei auf unserem Herzen lasten …

Der Zugang zum inneren Kind wird möglich, wenn wir die Mauer unserer Persönlichkeit durchbrechen. Fragen wir uns: Warum verhalte ich mich derart? Warum bin ich so? Woher rühren all unsere negativen Eigenschaften, die wir bei unserer Geburt noch nicht hatten? Wenn ich mich mit einer Verhaltensweise identifiziere, fühle ich mich schlecht. Sobald ich mich schuldig fühle, verletze ich mich selbst. Negative Eigenschaften sind von Grund auf nicht schlecht, sie beruhen auf einem Missverständnis, das sich eingeschlichen hat, weil das Bild, das wir über sie haben, falsch ist. Keine Eigenschaft ist in Stein gemeißelt, es ist und bleibt eine Eigenschaft, die wir bei der Geburt noch nicht hatten. Irgendwann hat sie sich verfestigt, und dies geschieht weiterhin, ohne dass wir uns dessen bewusst sind.

Der Charakter formt sich durch das Umfeld, wie Wohnort, Erziehung, Freunde, Schule und Beruf. Manche Eigenschaften eignen wir uns aus Trotz an, andere entstehen aus Unverständnis und Selbstschutz, dennoch haben alle etwas gemeinsam: Sie beruhen auf Unverständnis und Missverständnissen, sowohl auf eigenen als auch auf denen von anderen.

Alles hat eine Auswirkung auf alles, nicht nur Verletzungen sitzen tief. Das innere Kind leidet, solange wir uns ausschließlich als Persönlichkeit erleben, und das trifft auf die Mehrheit der Menschen zu.

Lastet auf dem inneren Kind das, was uns widerfahren ist? Oder ist es unsere Last? Oder beides? Ist das innere Kind zu etwas geworden, was man als verkorkst, verklemmt, befangen, blockiert, unsicher und verkrampft bezeichnen könnte, weil wir falsch behandelt worden sind oder uns falsch verhalten haben?

Das innere Kind steht in uns wie ein Fels in der Brandung und wartet nur darauf, geheilt zu werden. Wir sind eine unzertrennliche Einheit, was es zu erkennen gilt.

Welche Eigenschaften hast du in welchem Maße? Kreuze an!

	gar nicht	ein wenig	stark	weiß nicht
ängstlich				
antriebslos				
aufbrausend				
belehrend				
beleidigt				
besitzergreifend				
bevormundend				
bösartig				
chaotisch				

	gar nicht	ein wenig	stark	weiß nicht
cholerisch				
depressiv				
desinteressiert				
dickköpfig				
egoistisch				
eifersüchtig				
eigensinnig				
faul				
gemein				
gereizt				
gierig				
gleichgültig				
intolerant				
introvertiert				
kritisch				
leichtgläubig				
leichtsinnig				
misstrauisch				
neidisch				
oberflächlich				
perfektionistisch				

	gar nicht	ein wenig	stark	weiß nicht
rebellisch				
rechthaberisch				
trotzig				
übermütig				
unbelehrbar				
undankbar				
undiszipliniert				
unehrlich				
ungeduldig				
ungerecht				
unklar				
unpünktlich				
unsicher				
unzuverlässig				
unzufrieden				
verleugnend				
wankelmütig				
zerstreut				
zynisch				

Die Eigenschaften in der Tabelle könnten auch als ABC der Missverständnisse bezeichnet werden. Hast du diese Eigenschaften wirklich, oder siehst du dich nur so, weil dich andere so sehen? Weil dir gesagt worden ist, dass du so bist? Weil du dich so einschätzt? Weil du dich so erlebst? Weil du aus deiner Erinnerung schöpfst, als du einmal so gewesen bist?

In der Schule hatte ich früher mehrfach Probleme damit, vor der Klasse zu sprechen. Viele Jahre später war ich immer noch davon überzeugt, dass ich nicht vor Menschen sprechen kann. Das habe ich so lange gedacht und mitgeteilt, bis mich jemand gefragt hatte, wie ich denn darauf kommen würde. In dem Gespräch stellte sich heraus, dass ich das längst hinter mir gelassen hatte. Der Satz, dass ich nicht vor Menschen sprechen kann, war zum Selbstläufer geworden, ein Glaubensmuster, das sich wie eine Endlosschleife wiederholte.

Als ich mein erstes Seminar gab, erinnerte ich mich daran und ich musste schmunzeln. Es ist so wichtig, dass wir all diese Eigenschaften, die wir glauben zu haben oder die uns zugewiesen wurden, immer wieder überprüfen und schauen, ob sie nicht schon längst überholt, ein Irrtum, Missverständnis oder lediglich Einbildung sind.

Was besonders tief sitzt

Schuld und Schuldzuweisungen sind ein Verbrechen an der Menschheit. Menschen wurde seit jeher Schuld zugewiesen, denn Macht auszuüben und Menschen zu manipulieren, funktioniert nur über Schuldgefühle, mangelnden Selbstwert und ein schlechtes Gewissen.

Frage dich Folgendes:

Was denkst du: Inwieweit haben wir deines Erachtens Einfluss auf Entscheidungen, a) die wir treffen, b) die du triffst?

a) ____________________

____

____

____

b) ____________________

____

____

____

Was beeinflusst deiner Meinung nach den Menschen grundsätzlich, sodass er zu einer Entscheidung kommt?

____

____

____

Was lässt uns deines Erachtens schlussendlich Ja oder Nein sagen?

Welcher Instanz folgt a) der Mensch und welchen Impulsen folgst b) du?

a)

b)

Es gibt keine Sünder, so wie es keine schlechten Menschen gibt. Es gibt Menschen, die aufgrund ungünstiger Umstände vom Weg abgekommen sind. Sie haben Fehler gemacht. Fehler sind Erfahrungen, die man am besten nicht wiederholt. Manche Menschen sind unbelehrbar und zerstören sich durch ihr Verhalten die Harmonie. Uns darum zu kümmern, ist nicht unsere Aufgabe. Es geht uns nichts an. Wir sollten vor der eigenen Tür kehren, damit es dort schön sauber bleibt.

Das Kreuz mit der Vergangenheit

Kein Mensch ist davon befreit, etwas falsch zu machen. Im Inneren sind alle Menschen gut. Das, was wir bei anderen oder uns selbst als schlecht bezeichnen, hat sich eingenistet. Wir können von Glück sprechen, dass wir von dem, was wir unter schlechter Kindheit verstehen, verschont geblieben sind. Wenn wir jemanden als schlechten Menschen bezeichnen, argumentieren wir aus einer begrenzten Sicht. Wenn wir einem Menschen begegnen, an dem uns etwas stört, beginnt es im Kopf zu rattern. Das Gehirn arbeitet auf Hochtouren. Sofort werden Vergleiche angestellt und auf Gehörtes und Gelesenes zurückgegriffen, auf das, was wir Wissen nennen. Etwas anderes kann das Gehirn ja ohnehin nicht vollbringen. Es stellt nur Vermutungen und Spekulationen an. Demnach weiß es relativ wenig und es kann sich nie sicher sein, wie es um dessen Wahrheitsgehalt steht.

Trotzdem maßen wir uns an, ein Urteil zu fällen. Sollte uns das nicht nachdenklich stimmen?

Schuld ist eine schwere Last, die eigentlich niemand tragen will. Wenn etwas schiefläuft, glauben wir, dass jemand Schuld daran hat. Manchmal suchen wir so lange danach, bis wir endlich einen Schuldigen gefunden haben. Warum ist uns das so wichtig? Vielleicht ist gar niemand schuld? Wäre es schwer für dich, diese Vorstellung anzunehmen oder zu akzeptieren? Wenn wir und die anderen nicht schuld sind, kann man immer noch das Leben, die Umstände, das Schicksal oder die Zufälle dafür verantwortlich machen. Wem auch immer wir die Schuld in die Schuhe schieben, wir haben wahrscheinlich nicht recht.

Das innere Kind hat viele Verletzungen davongetragen. Ist es seine Schuld, unsere oder die der anderen? Nichts davon trifft zu. Es sind Erfahrungen, Wirkungen, die wie ein Bumerang auf uns zurückkommen. Auch wenn wir sie bewusst oder unbewusst verursacht haben, schuld sind wir nicht. Es ist unserer Entsprechung nach etwas geschehen, was wir uns anschauen müssen. Wegsehen bringt uns auf alle Fälle nicht weiter.

Schicksal oder Zufall sind eigentlich ganz harmlose Wörter, deren Bedeutung davon abhängig ist, was wir darunter verstehen. Alles, was dir im Leben widerfährt, ist ein *Zu*-fall, es fällt dir zu. Demnach müssten einem auch die sogenannten Taten zufallen, für die man zur Rechenschaft gezogen wird, oder? Wie ist das dann mit der Schuld? Wie weit kann man für etwas verantwortlich sein? Da sich das kaum befriedigend beantworten lässt, zurück zum Schicksal. Ein anderes Wort für Lebensweg. Es besteht aus Gegebenheiten, die sich ergeben, weil sie deinen inneren Qualitäten entsprechen.

Ich empfand das Leben immer als ein Spiel, ein Schauspiel. Das Ich war der Schauspieler. Das innere Kind trug seine Erfahrungen und Emotionen. Es mag sein, dass ich das Drehbuch selbst geschrieben und zu verantworten habe, obwohl ich mich nicht daran erinnern kann. Es gibt viele Nebendarsteller und Statisten in diesem Lebensfilm. Die meiste Zeit in meinem Leben habe ich die Hauptrolle gespielt und auch daran festgehalten, der Hauptdarsteller zu sein. Irgendwann habe ich gemerkt, dass die Perspektive ausschlaggebend ist, wenn man etwas ändern will. So habe ich mich vom Hauptdarsteller-Gedanken zurückgezogen und bin zum Beobachter dieses Schauspielers namens Kurt geworden.

Stelle dir folgende Fragen:

1. Erlebe ich mich in meinem Film, in dem ich die Hauptfigur spiele?
2. Erlebe ich mich in einem Film, in dem die anderen Darsteller und ich dieselbe Position einnehmen?
3. Sehe ich den Film, in dem es ein Schauspiel gibt, auf das ich keinen Einfluss habe, als Beobachter?

Halte fest, wie du dein Leben führst, und kreise deine Antworten ein:

Welche Aussage sagt dir am meisten zu?

1. 2. 3.

Welche Aussage würdest du dir für dich wünschen?

1. 2. 3.

Welche der drei Aussagen entspricht deiner momentanen Situation?

1. 2. 3.

Folgende Verletzungen aus der Vergangenheit sind bei den häufigsten Menschen anzutreffen. Von ihnen wurden die meisten Menschen geprägt.

Misstrauen lernen viele Menschen schon in frühen Jahren kennen. Wenn einem Kind nichts zugetraut wird, ist das eine traumatisierende Erfahrung. Wenn Erwachsene lügen, wird es misstrauisch. Wenn sie nicht aufrichtig sind, ebenfalls. Wenn sie ihr Wort nicht halten, ist das auch der Fall. Vertrauen in das Leben zu haben, ist um einiges leichter, wenn einem die Eltern das mitgegeben haben. Vertrauen können wir aber auch in uns selbst finden – und vor allem im Leben. Dafür müssen wir unseren Panzer knacken und uns nach vorne wagen. Sich ohne Angst dem Leben zu stellen, scheint für viele eine große Hürde zu sein.

Mögliche Folgen von Misstrauen können sein:

- Beziehungsunfähigkeit und fehlende Freundschaften
- Eigenbrötlerei und Isolation
- Depressionen
- schlechte Gedanken und Kopfzerbrechen

- unerfüllte Sehnsucht nach Zuneigung und Liebe
- Nervosität und Schlafstörungen

Eine weitere Verletzung ist das Gefühl von **Verlassenheit.** Hast du dich in deiner Kindheit jemals verlassen gefühlt? Wenn Träume und Wünsche nicht ernst genommen wurden, wird sich in späterer Folge Unsicherheit einschleichen. Wer vernachlässigt wurde, fühlt sich auch verlassen. Wir brauchen einen Halt, um nicht unterzugehen. Eine Bezugsperson, der wir uns anvertrauen können. Finden wir den Halt nicht bei den Eltern, sind es oft Großeltern oder entfernte Verwandte, die uns auffangen können. Ist nur eine einzige Person der rettende Anker, kann sie viel wettmachen und für Seelenheil sorgen. Ich habe es immer wieder erlebt, wie warmherzig besonders Großmütter oder Großväter sein können. Was für ein Geschenk, dass es sie gibt.

Viele Kinder leiden unter der Trennung der Eltern. Manche fühlen sich aber auch von Gott verlassen, weil sie das Gefühl haben, auf der Erde falsch, also fehl am Platz zu sein. Immer mehr Menschen und vor allem Kinder fragen sich: *Was tue ich hier überhaupt?* Das ist eine gute Frage, die sich jeder einmal im Leben stellen sollte, auch wenn er sich nicht verloren fühlt.

Bestrafungen sind in einem anderen Jahrhundert angesiedelt und doch gibt es sie. Bestrafungen sind immer schmerzvoll, auch wenn sie nicht körperlicher Natur sind – zum Beispiel Liebesentzug, Schweigen und Nichtbeachtung. Psychologische Kontrollstrafen sind als seelische Grausamkeit und Machtmissbrauch zu sehen und zerstören Kinderseelen. Ist ein liebloses Elternhaus schon als Bestrafung zu verstehen? Durchaus, denn wenn das Kind keine Nestwärme, Zuwendung und Liebe erfährt, wird ihm das Grundrecht verwehrt, das allen Lebewesen zusteht.

Geht es um Gewalt, Traumata, Neurosen, Süchte, Panikattacken, Angststörungen und anderweitig schwerwiegende Probleme, die nicht nur psychischer, sondern auch physischer Natur sind, rate ich, unverzüglich fachmännische Begleitung in Anspruch zu nehmen. Wende dich an einen Menschen deines Vertrauens und denk immer daran, dass keine Situation ausweglos ist. Suche dir Hilfe, weil dir Hilfe zusteht. Es gibt keinen Grund, aufzugeben oder zu verzagen!

Die gute Nachricht ist, dass Menschen nach gravierenden traumatischen Erfahrungen einen tief spirituellen Weg einschlagen oder direkt danach »erwachen«. Sie gewinnen Klarheit und Bewusstwerdung, Einsicht und Erkenntnis, die dazu führen, dass sie ihre innere Kraft entdecken und realisieren. Dass in jedem Leid etwas Gutes steckt, ist keine Aussage, mit der man einen vom Leben gezeichneten Menschen beglücken sollte. Ich würde mich hüten, dann solch eine Aussage von mir zu geben! Auch wenn Schmerz heilsam sein kann, braucht es seine Zeit, damit er verarbeitet, durchlebt, durchschaut und schlussendlich »erlöst« werden kann. Steckt man mittendrin in einem Desaster, muss man da irgendwie durch. Rückblickend erkennt man meistens selbst, welche Lektion sich dahinter verborgen hielt.

Hier ein Beispiel:

Fallbeispiel 1

Karin reagiert übersensibel und ist immer gleich beleidigt. Sie traut sich kaum aus ihrem Schneckenhaus raus und zieht sich mehr und mehr zurück. Karin trifft Adrian, der ihr ein Kompliment macht. Er sagt ihr, dass ihr die offenen Haare besonders gut stehen würden und dass sie damit sehr hübsch aussieht. Da Karin ihre Haare fast immer zusammengebunden trägt, empfindet sie seine Aussage als Beleidigung. Aus seiner Bemerkung hört sie heraus, dass ihr die zusammengebundenen Haare nicht stehen und sie damit nicht gut aussieht. Karin konnte sich nie vorstellen, dass Adrian sich für sie interessieren könnte, weil sie ein graues Mäuschen ist. Ist sie das? Die anderen zeigten es ihr, und man hat es ihr auch schon gesagt. Sie hat das übernommen, zu ihrer Wahrheit gemacht und denkt das auch von sich selbst. Sie ist davon überzeugt, dass sie nie einen Partner finden wird.

Karin wurde in ihrer Kindheit als ältestem von fünf Kindern nicht so viel Beachtung geschenkt. Die Mutter hatte viel mit den jüngeren Geschwistern zu tun und war davon überzeugt, dass Karin nicht so viel Zuwendung braucht. Und genau darin liegt der Hund begraben. Es wurde nie über dieses Thema gesprochen, und Karin zog sich immer mehr zurück. Sie fühlte sich ungeliebt und leidet auch heute noch unter diesem Fehlglauben. Weil Karin nie Liebe eingefordert hat, die Eltern nicht belasten wollte und sich sowieso als fünftes Rad am Wagen gefühlt hat, dachten Vater und Mutter, dass ihre Distanziertheit ihrem frühzeitigen Erwachsen- und Selbstbewusstsein zuzuschreiben wäre.

Was kann Karin tun?

Kränkungen geschehen oft durch unbeabsichtigte Bemerkungen anderer oder versäumte Kommunikation, aber auch Erfahrungen von Gewalt oder Mobbing sind möglich. Im Fall von Karin sind es gängige Missverständnisse, die zu einem gestörten Verhältnis zwischen Eltern und Kind geführt und dem Kind einen schweren Rucksack mit auf den Weg gegeben haben. Der Rucksack müsste nicht sein, hätte man es in der Kindheit nicht versäumt, richtig zu kommunizieren. Aber was die Eltern nicht können, können auch die Kinder nicht lernen.

Hinzu kommt, dass der Lehrer von Karin ziemlich streng war und sie mehrmals darauf hingewiesen hat, dass sie sich mehr trauen, sich im Unterricht öfters zu Wort melden und endlich erwachsen werden soll. Das gab Karin das Gefühl, dass sie verkehrt ist, dass mit ihr etwas nicht stimmt.

Um Kränkungen entgegenzuwirken, müssen wir beginnen, äußerst wachsam zu sein. Wir müssen unsere Gedanken und Gefühle genauestens beobachten, wenn wir dem Irrtum auf die Schliche kommen wollen. Immer wenn ein Gefühl hochkommt, das als unangenehm empfunden wird, müssen wir uns wahrhaftig davon distanzieren.

Nicht wegschauen, sondern innerlich Abstand nehmen. Ignoranz ist kein guter Begleiter, Mitgefühl und Verständnis für sich selbst sollten immer im Gepäck dabei sein.

Wenn sich Karin wie im Beispiel mit Adrian abgelehnt fühlt,

- sollte sie sich nicht auf ihr Gegenüber fokussieren und sich nicht ihren Interpretationen hingeben.
- sollte sie von der Beschuldigung Abstand nehmen, die sie Adrian zuweist.
- sollte sie Adrian außen vorlassen und beobachten, was in ihr vorgeht, sich in ihr bewegt und die Situation bei ihr ausgelöst hat.
- sollte sie sich fragen, wie sie zu dieser Ansicht kommt, und das Ganze anschließend erforschen.
- sollte sie sich die Frage stellen, ob ihre Meinung richtig ist, und dem anschließend auf den Grund gehen.
- sollte sie sich die Frage stellen, ob ihre Meinung Fehlerquellen enthalten könnte, und danach Ausschau halten.
- sollte sie sich fragen, ob ihre Annahme eventuell auch falsch sein könnte.

Wenn wir uns immer wieder solche Fragen stellen, sollten wir es bei den Antworten belassen, die spontan auftauchen. Wir sollten es vermeiden, nach Antworten zu bohren, und keine Energie vergeuden, auf Biegen und Brechen zu einem Ergebnis zu kommen. Wir können uns die Fragen immer wieder stellen. Wenn keine Antworten kommen, ist das auch gut. Es geht darum, die Fragen sacken zu lassen, und zwar so lange, bis sich die Antworten von selbst zeigen. Darauf hatte ich bereits hingewiesen.

- Das Ziel ist es, zu durchschauen, dass man einer Interpretation erlegen ist.
- Man muss erkennen, dass es die eigenen Gedanken und festgefahrene Überzeugungen sind, die die Sicht der Dinge verfälschen.

Aussöhnung

Eine herausfordernde Aufgabe wartet auf dich. Du darfst lernen, durch Selbsterkenntnis wachsamer zu werden und dich im Augenblick, in dem Verletzung stattfindet, aus der Situation herauszunehmen. ***Erst wenn wir etwas nicht mehr persönlich nehmen, kann sich die Situation wandeln.*** Eine Reaktion in dem Augenblick ist ein Abwehrverhalten, ein Instinkt, der menschlich ist. Aber mit diesem Abwehrverhalten schüren wir Widerstand, und den wollen wir ja beseitigen und nicht nähren.

Warum wir immer gleich reagieren, bei dieser Frage sollten wir verweilen. Es geht in erster Linie nicht darum, das Warum zu ergründen, sondern das Wie. Wir müssen das Muster hinter unserer Reaktion erkennen. Es ist immer dasselbe Spiel, das Gedanken und Emotionen mit uns treiben. So formt sich eine Gewohnheit, die, wenn sie nicht durchschaut wird, bestehen bleibt. Sie lässt sich nicht verscheuchen, man muss ihr auf die Schliche kommen. ***Es gilt zu erkennen, dass Gedanken und Gefühle immer an das Ich gekoppelt sind, was das eigentliche Problem aller Probleme ist.*** Sie sind es, die verhindern, Abstand zur Persönlichkeit zu nehmen.

Aber ist es denn so abwegig, sich mit Gefühlen zu arrangieren, anstatt sich gegen sie zu stellen? Auch wenn sie nicht guttun und schmerzen, es gibt keinen Grund, ihnen den Kampf anzusagen. Kannst du dir vorstellen, Gefühle einfach in den Arm zu nehmen und ihnen *Ich habe nichts gegen dich!* zu sagen? Vielleicht auch noch ein *Dir geht es scheinbar nicht gut, ich möchte dir helfen, um dich selbst zu überwinden. Ich weiß, du willst mir nicht schaden. Du warst plötzlich da, bist zu mir gekommen und wirst irgendwann auch wieder gehen. Lass uns bis dahin Freundschaft schließen.* Irgendwann kannst du sogar *Ich habe dich lieb!* sagen. Das könnte allerdings eine Weile dauern, was aber nichts macht. Du hast alle Zeit der Welt.

Zum Abschluss gilt es, den Eltern zu verzeihen, falls man sich falsch behandelt gefühlt hat.

Gleichzeitig muss man sich selbst verzeihen, dass man den Eltern unrecht getan und sie für etwas beschuldigt hat, das aufgrund von Missverständnissen zustande kam.

Man darf sich mit dem Gedanken anfreunden, dass die Eltern ihr Bestes gegeben haben und es bestimmt anders gemacht hätten, wenn sie den Irrtum rechtzeitig erkannt hätten.

Hilfreich für die Aussöhnung und das Verzeihen sind Rituale – wie das folgende:

Ritual des Verzeihens

Ziehe dich an einen Ort zurück, an dem du alleine bist und Ruhe findest. Wenn du magst, verdunkle den Raum, zünde eine Kerze an und schaffe eine gute Atmosphäre. Leise harmonische Klänge unterstreichen das Ritual.

Finde Worte, die eine gute Energie haben. Wähle sie sorgfältig aus.

1. Sprich im ersten Schritt aus, wie du die verletzende Situation damals empfunden hast.

....

....

....

....

2. Danach hülle das, was dich belastet, in Liebe, bevor es deine Lippen verlässt. Dies könnte wie folgt lauten:

Ich verzeihe euch, dass ihr mich im Stich gelassen habt. Ich habe es damals so empfunden. Heute weiß ich, dass ihr euch anders verhalten hättet, wenn ihr gewusst hättet, wie sehr ich unter der Situation gelitten habe. Ich bitte auch euch um Verzeihung, dass ich nicht mit euch gesprochen und euch Unrecht getan habe. Ich habe mich von euch abgewandt, weil ich glaubte, dass ihr euch von mir abgewandt habt.

Ich verzeihe euch, liebe Eltern, und ich verzeihe mir, ich verzeihe uns, dass wir in entscheidenden Momenten nicht die richtigen Worte füreinander gefunden haben.

Ich übergebe diese Worte dem Licht und bitte um Heilung.

Möget ihr beschützt sein und wir wieder zueinander finden.

Danke

Nachdem du das durchgelesen hast, finde deine eigenen Worte, um sie für deine Situation anzupassen. Schreibe auf, was dir aus der Seele spricht, und korrigiere es so lange, bis es für dich die richtigen Worte sind. Lies sie anschließend dreimal laut vor, schließe danach die Augen und verweile in der Stille. Lass Tränen zu, die hochkommen, und unterdrücke sie nicht. Dasselbe gilt für Emotionen. Schenke ihnen keine Aufmerksamkeit, sondern lass sie an der Stille teilhaben. Auch Gedanken dürfen kommen, aber beschäftige dich nicht mit ihnen und gib ihnen nicht die Möglichkeit, die Aufmerksamkeit für sich zu gewinnen. Beobachte, was kommt und geht, ohne es zu bewerten.

Sich für den Heilungsraum vorbereiten

Aussöhnen – ein Begriff, der etwas nüchtern und anspruchsvoll daherkommt. Auch wenn der Begriff von jedem anders verstanden wird, so wird er doch als schwierige Aufgabe wahrgenommen. Es gibt ja keine direkte Anleitung, da sich das Aussöhnen im Verborgenen abspielt. Lösen wir uns von diesem Begriff, indem wir dem Vorgang Leichtigkeit verleihen. Spielerisch soll es vonstattengehen, es ist ja auch das Wort Kind beim »inneren Kind« im Spiel. Sich einer Sache spielerisch anzunähern und dabei Freude zu empfinden, hört sich ganz anders an als »aussöhnen«. Es ist eine Entdeckungsreise, auf der es nicht um ein Ergebnis geht, auch wenn es im eigentlichen Sinne angestrebt werden mag.

Hab Freude an einem ausgleichenden und harmonisierenden Vorgang, der das Leben grundsätzlich ändern kann.

- Wenn dich etwas bedrückt, gehe spielerisch damit um und gehe versöhnlich auf all die Emotionen zu. Sie sind ab sofort keine Störenfriede mehr, sondern deine Spielkameraden. Nimm dir Zeit und male dir in allen Einzelheiten aus, wie dein Spielplatz, dein Heilungsraum, aussehen soll, bevor du darangehst, dich mit deinen Gefühlen auseinanderzusetzen und mit ihnen Frieden zu schließen. Der Spielplatz ist dein geschützter Raum, den niemand anderer betreten kann. Du kannst dort jederzeit hingehen, auch wenn du einfach nur abschalten willst.

- Vielleicht ist dieser Ort umringt von einer Wiese, von Bäumen, einem Springbrunnen oder einem See, hauch dem Platz Leben ein! Hör nicht auf, bevor du jede Ecke und jedes Detail klar vor dir sehen kannst. Bis alles an seinem Platz ist, kann es etwas dauern. Deine Wohlfühloase zu kreieren, ist eine Aufgabe, die Spaß machen und Wohlbehagen bereiten soll.

- Mach dich mit allen Details vertraut, damit du dich dort wohlfühlen kannst. Der Spielplatz, dein Heilungsraum, ist nun der Raum, an dem du dich zu jeder Zeit zurückziehen kannst. Das bedeutet, dass du ihn jedes Mal aufsuchen kannst, wenn dich etwas bedrückt. Wenn du das Gefühl hast, dass alles bescheuert ist, dich etwas stört oder niederdrückt, suche den Spielplatz auf. Wenn du wütend, traurig, hilflos oder zornig bist, lass den Raum der Harmonisierung nicht warten. Sobald du ein bedrückendes Gefühl verspürst, lauf zum Spielplatz.

- Um dorthin zu kommen, gibt es viele Möglichkeiten. Eigentlich reicht deine Vorstellung aus, aber wenn deine Fantasie nicht so gut ausgeprägt ist, dann versuche, über gezielte Imagination dorthin zu gelangen. Jeder kann visualisieren, und je öfter man es tut, umso leichter wird es gelingen. In der rechten Gehirnhälfte ist unter anderem die Bildersprache angesiedelt. Dominiert diese Seite, haben wir einen besseren Zugang zur Intuition und können auch Gerüche und Farben leichter wahrnehmen. Das bedeutet, dass wir ein gutes Vorstellungsvermögen haben. Lesen wir einen Roman, sind wir mittendrin in der Geschichte – und zwar mit allen Sinnen. Bilder kommen aus dem Nichts hervor und versetzen uns in eine fantastische Welt, die sich sehr echt anfühlt und zeigt. Lass es geschehen!

Auf dem Weg zum Heilungsraum

Um auf den Spielplatz zu gelangen, wollen wir die Vorstellungskraft nutzen. Ich denke, dass allein der Weg dorthin schon etwas bewegt. Du kannst Folgendes also in jedem Fall für dich in Anspruch nehmen.

- Schließe die Augen und werde zum Kind. Stell dir vor, du bist ein kleines Männlein, es kann auch ein Mädchen oder ein Bub sein. Es muss dir äußerlich nicht gleichen, es darf auch ganz anders, besonders lustig oder niedlich aussehen. Verleihe ihm ein Aussehen, das dein Herz erfreut. Es steht für dich und verkörpert dich.

- Nun öffne in deiner Vorstellung deinen Mund. Lass das kleine Geschöpf hineinspringen und über die Zunge nach hinten laufen. Dann lass es über den Hals nach unten rutschen. Juhu! Spüre die Freude, die es dabei verspürt, und lass die Rutsche lebendig werden. An ihrem Ende angekommen, befindet sich eine Wiese, auf der ein großes Herz steht. Dort gibt es eine Tür und ein Fenster. Will das kleine Wesen das Herzgebäude erkunden? Wenn es zögert, spricht ihm gut zu. Lade es ein, das Herz zu betreten, und vergiss nicht, ihm mitzuteilen, dass es dort ganz viel zu entdecken gibt. Wenn es weiß, dass es ihm dort gefallen wird, kann es seine Meinung schnell ändern. Vielleicht aber ist das Männlein schon beim Treppenaufgang zum Herzen angekommen und hat bereits den Türgriff in der Hand. Möglicherweise dreht es sich vor dem Betreten des Hauses noch einmal um und blickt dich freudig an. Der Fantasie sind hier keine Grenzen gesetzt.

- Jetzt öffnet es die Tür. Ganz gleich, ob dies zaghaft oder schwungvoll geschieht. Ein weiter Raum voller Kraft und Wärme tut sich auf, es fühlt sich einfach toll an. Es kann sein, dass man nicht viel sehen kann, dann muss das Licht angemacht werden. Entweder drückt man den Schalter an der Wand, entfacht ein Feuer im Kamin, zündet eine Kerze an oder dreht eine Glühbirne in die Fassung. Lass dir Zeit und entscheide dich für die Variante, die dir am besten gefällt.

- Nun ist der Raum noch behaglicher geworden. Du siehst dich um und erkundest ihn. An dieser Stelle möchte ich nichts vorgeben. Der Raum sieht so aus, wie du ihn eingerichtet haben möchtest. Deiner Fantasie sind auch hier keine Grenzen gesetzt. Was auch immer in deinem Raum zu sehen ist, er hat auf alle Fälle ein Fenster.

- Doch was ist das? Die Fensterläden sind ja geschlossen! Du entscheidest, wie du vorgehen willst. Wartest du noch ein wenig, bis du sie öffnest, oder machst du dich sofort daran, Tageslicht in den Raum zu lassen? Wenn du die Fensterläden nicht öffnen möchtest, ist das auch okay. Dann such den Raum wieder auf, wenn dir danach ist und du dazu bereit bist.

Am besten ist es, dorthin zu gehen, wenn du dich nicht gut fühlst. Dann ist es nämlich wichtig, dass du dich von negativen Emotionen und Gedankenspiralen, die dich immer weiter runterziehen, entfernst. Das beste Heilmittel ist, eine belastende Situation innerlich zu verlassen und sich von ihr zu distanzieren. Das gelingt mit dieser Innenreise bestimmt. Allein aus diesem Grund wäre es ein Vorteil, wenn du diese Visualisierung für dich nutzt.

Die Umgebung erkunden

- Wer das Fenster schon geöffnet hat, darf sich auf eine wunderbare Aussicht freuen. Eine Landschaft tut sich auf, die an Schönheit nicht zu übertreffen ist. In nächster Nähe ist ein Spielplatz, er sieht nicht nur aus wie einer: Es ist deiner! Er gehört dir. Und … ist er genau so, wie du ihn dir vorgestellt hast? Wenn nicht, geht das natürlich auch in Ordnung. Die Sonne, das Vogelgezwitscher und die warme Luft laden dich dazu ein, den Spielplatz zu erkunden. Nichts wie hin! Dort angekommen siehst du dich um. Es ist schön hier, aber etwas fehlt. Es gibt so viele Möglichkeiten, sich zu vergnügen, das Gras wiegt sich im Wind und die Blumen strecken dir ihre Köpfe entgegen, aber …?

- … du bist allein! Wer mag schon gerne alleine auf einem Spielplatz sein? Aber er ist dazu da, damit du in dir etwas befreien kannst. Er dient dir und hilft dir dabei, nicht deine vermeintlichen Feinde, sondern dich selbst zu besiegen. Wie schön, dass hier so viel Platz vorhanden ist. Platz für alle Kinder dieser Welt. Die Kinder, die dich besuchen kommen werden, heißen aber nicht Fritz, Helga, Hans, Astrid, Heinz oder Margit, sondern Angst, Kummer, Traurigkeit, Wut, Unverständnis, Zorn, Eifersucht ... Es gibt noch viel mehr von diesen Spielkameraden, sie tragen alle irgendeinen Namen deiner Emotionen.

Den Heilungsraum betreten

In der Depressionsforschung sagt man, dass Depression eine Frau in Schwarz ist. Klopft sie an, dann weise sie nicht zurück, sondern lass sie herein. Bitte sie an den Tisch und höre gut zu, was sie dir zu sagen hat. Auch hier konfrontiere dich mit den Emotionen, aber nicht nur in der Therapiestunde, sondern in dem Moment, in dem sie aktuell sind.

Es vergeht kein Tag, an dem es nicht die Gelegenheit gibt, sich mit Empfindungen auseinanderzusetzen. Ablehnung und Wegdrücken bringen uns nicht weiter, wir müssen uns unseren Ängsten und Sorgen stellen. Sie sind nicht schlecht. Sie sind aufgrund vergangener Erfahrungen, die durch Missverständnisse und Unwissenheit der Beteiligten zu falschem Verhalten und falschem Verstehen geführt haben, entstanden. Ich spreche hier nicht von den Erfahrungen selbst, sondern von den Umständen, die zu ihnen geführt haben. Die Unbewusstheit aller Menschen, die daran beteiligt waren, dass es uns jetzt so geht, wie es uns geht – inklusive uns selbst natürlich –, haben uns das eingebrockt. Doch Absicht und Wollen stecken hier nicht dahinter, sondern vielmehr Ursache und Wirkung, das Grundprinzip des Seins.

> *Nur das Abgespalten-Sein von der inneren Quelle verursacht ein sogenanntes gottfernes Handeln, das Folgen haben muss.*

Denn sie wissen nicht, was sie tun? Und weil sie nicht wissen, was sie wahrhaftig sind, reagieren, handeln, denken und sprechen sie mangelhaft. Ein Fakt, der sich nicht absprechen lässt. Auf alle Fälle können wir die Folgen unserer Vergangenheit und die des Handelns von uns und anderen spüren. Sie drücken sich in unzähligen Facetten aus, die auf der psychischen Ebene angesiedelt sind.

Mehr Menschen als gedacht fühlen sich verloren, leer, ausgebrannt und am Ende ihrer Kräfte. Kommen dann noch Existenzängste, Depressionen und Verlustängste hinzu, können wir schon mal den Halt verlieren. Neben all diesen Dingen sind wir noch dazu aufgerufen, den Alltag zu bewältigen und die Höhen und Tiefen auszubalancieren. Es vergeht kein Tag, an dem unsere Kreativität und unser Einfallsreichtum nicht gefragt sind. Wir sind jeden Augenblick dazu aufgefordert, unser Bestes zu geben, und das macht durchaus Sinn, auch wenn wir diesen auf Anhieb nicht erkennen können. Die Ermunterung zum täglichen Tun bleibt missverstanden, sie wird nicht als Einladung erkannt, sondern als Muss. Wir fühlen uns unter Druck gesetzt und überfordert.

In jedem Leben ist viel los. Die Dosierung macht es aus. Wie weit lässt du dich auf den Alltag ein? Steht er im Mittelpunkt? Ist es für dich möglich, dich von ihm innerlich zu distanzieren und trotzdem voll da zu sein?

Wir müssen die Geschehnisse, unsere Gedanken und Gefühle auf Distanz halten, wenn wir nicht untergehen wollen, sie von außen betrachten und sie nicht überbewerten. Ansonsten werden wir uns immer überfordert fühlen. Ein Anker im Inneren könnte uns in schwierigen Situationen Halt geben, aber der scheint nicht vorhanden, geschweige denn griffbereit zu sein. Der Anker liegt auf dem Lebensgrund. Wir müssen also abtauchen, in uns gehen, um ihn in greifbarer Nähe zu haben. Das sollten wir nicht erst dann tun, wenn es ausweglos wird, wir alt und gebrechlich sind und uns das Wasser bis zum Hals steht, sondern solange wir gesund, frisch, fröhlich und munter sind.

Fallbeispiel 2

Monika hat ihren Job verloren. Das führt zu Reibungen in der Partnerschaft, was zur Folge hat, dass ihr Partner nicht weiter mit ihr zusammen sein möchte. Monika fühlt sich gekränkt, verlassen und traurig. Nach dem Auszug des Lebensgefährten macht ihr die Einsamkeit zu schaffen und sie wird von Eifersucht geplagt. Hinzu kommen Existenzängste und ein tiefer Trennungsschmerz. Monika liegt den ganzen Tag auf der Couch, kann sich nicht mehr aufraffen, um nach draußen zu gehen, und badet im Selbstmitleid. Da sich Vater und Mutter bereits in frühen

Jahren getrennt haben, hatte sie schon immer Angst, dass ihr Partner nicht bei ihr bleiben würde. Nicht fähig zu sein, eine Partnerschaft zu führen und den Partner zu halten – dieses Thema hatte schon ihre Mutter beschäftigt. Unbewusst hatte sie es übernommen, weil es ihre Mutter ihr so vorgelebt hat. Zu ihrem Vater hat sie kein so gutes Verhältnis, er ist ein viel beschäftigter Geschäftsmann, für den Geld eine große Rolle spielt. Er wollte immer, dass Monika studiert, sie hatte aber andere Interessen und hatte sich für eine Lehre als Köchin entschieden. Damit war er nie zufrieden und ließ sie das auch spüren. Sich von den Eltern nicht verstanden zu fühlen und besonders vom Vater kein Vertrauen geschenkt bekommen zu haben, hatte Einfluss darauf, dass sie jetzt an ihrer Entscheidung zum Beruf zweifelt.

Dass man mit der Situation hadert, ist nachvollziehbar, nützt aber niemandem etwas. Ab auf die Spielwiese, Monika, die kannst du auch von der Couch aus besuchen.

- Als Monika über die Rutsche nach unten gelangt und etwas zaghaft ihr Herz betritt, findet sie sich kurzerhand auf dem Spielplatz wieder. Sie ist dort nicht alleine, dort trifft sie die Traurigkeit, die Einsamkeit, die Selbstaufgabe, die Eifersucht, die Zukunftsangst, die Lethargie und die Depression. Einige der Männlein sind ganz dunkel gekleidet, andere sehen erstaunlicherweise relativ freundlich aus. Nachdem sich alle an den Händen genommen haben und im Reigen tanzen, beginnt sich Monika wohlzufühlen. Ein fröhliches Beisammensein, das sich später auch im Sandkasten abspielt. Es werden Kuchen gebacken und Burgen gebaut und Monika scheint für einen Moment ihre Probleme vergessen zu haben. Das liegt höchstwahrscheinlich daran, dass sie ihre Gedankenwelt verlassen hat und sich nicht mehr ihren deprimierenden Emotionen hingibt und sich mit ihnen identifiziert.

- Die meiste Angst bereitet ihr ihre berufliche Zukunft. Deswegen bietet es sich an, mit der Zukunftsangst Freundschaft zu schließen. Der erste Schritt ist, sie kennenzulernen. Dafür bietet sich besonders gut die Wippschaukel an, auf der man sich gegenübersitzt. Es geht auf und ab und auf und ab. Die Haare der Zukunftsangst wehen im Wind und sie lacht ausgelassen und fröhlich. Monika unterhält sich mit der Zukunftsangst und erzählt ihr ihre Sorgen. Die Zukunftsangst reagiert überhaupt nicht darauf und Monika fühlt sich besser, weil sie ihren Kummer losgeworden ist. Nach einer Weile steigt sie von der Schaukel, um die Zukunftsangst zu umarmen. Mitleid kommt hoch. *Was kann die Zukunftsangst dafür, dass ich sie ablehne?,* fragt sich Monika. *Warum lehne ich sie ab?* Monika grübelt. Es gibt gar keinen Grund dafür, sie abzulehnen!

- Monika wird bewusst, dass sie eigentlich Angst vor der Angst hat. Aber die Angst ist harmlos, sie tut nichts. Im Leben ist sie weder sichtbar noch greifbar, hier kann man sogar mit ihr spielen. An Monika ist noch alles dran. Es hat sich nichts verändert, außer, dass sie mutigen Schrittes mit der Zukunftsangst Hand in Hand auf die Wiese geht. Der Zukunftsangst scheint es an

Zuwendung und Liebe zu fehlen. Es ist dasselbe, was Monika fehlt. Vielleicht ist die Angst nur eine Spiegelung? Gut möglich.

■ Monika nimmt sich vor, vor ihrer neuen Freundin nicht mehr wegzulaufen, sondern ihr immer, wenn sie sich im Leben zeigt, Raum zu geben. Sie darf da sein und neben ihr hergehen, warum sollte sie sie wegschicken? Glücksgefühle und Freude hat Monika auch noch nie weggeschickt. Es scheint der Angst wirklich an Zuneigung zu fehlen. Ein perfekter Spiegel. Wenn Monika jetzt der Zukunftsangst ihr Herz öffnet und Liebe fühlt, fühlt sich das richtig an. Und Monika fühlt sich ebenfalls wohl, angekommen.

Heilung geschehen lassen

Man sollte nichts ablehnen, da alles seine Berechtigung hat. Warum sonst wäre das, was einem gerade widerfährt, bzw. das, was man ablehnt, mit dem man in Widerstand geht, hier? Es will mir ja etwas sagen. Es will mich auf einen Missstand hinweisen, der sich in meinem Verstehen und Sehen eingeschlichen hat. Wer sich der Angst hingibt, wird schnell bemerken, dass sie nicht annähernd das ist, wofür man sie gehalten hat.

■ Monika ist mutig geworden. Kurzerhand geht sie auf die Eifersucht zu und spielt mit ihr Tischtennis. Mit der Traurigkeit geht sie baden. Sie will die Traurigkeit aber nicht ertränken, sondern eine fröhliche Zeit mit ihr verbringen. Nach und nach hat sie alle Emotionen umarmt und ins Herz geschlossen. Dieses innere Bild nimmt sie mit in ihren Alltag. Ganz gleich, was zukünftig für Emotionen hochkommen, sie weiß, dass sie den Spielplatz immer wieder besuchen kann, und aufgrund dieser wunderbaren Erfahrung sieht sie ihr Leben nicht mehr so verbissen. Sie muss öfters mal schmunzeln. Nicht nur über die inneren Bilder, sondern auch über ihr eigenes Verhalten. Wie töricht ist es, Emotionen loswerden zu wollen, zu ignorieren, zu verscheuchen oder abzulehnen. All das bringt uns nur weiter von uns fort. ***Wenn wir uns näherkommen wollen, müssen wir mit allem, was sich uns zeigt, im Einklang sein.***

Es geht nicht darum, Emotionen, wie zum Beispiel die Traurigkeit, auf Anhieb gut zu finden. Man muss auch nicht immer auf den Spielplatz gehen, um mit ihr sackzuhüpfen. Man kann feststellen, dass sie da ist: Okay, jetzt ist Traurigkeit da. Und nun?

Warum soll ich mich von ihr beirren lassen?

Warum soll ich sie wegschicken?

Ich lasse sie einfach und stelle fest: Aha, sie ist jetzt vorhanden.

Wenn ich dem keine weitere Aufmerksamkeit schenke, ist sie schneller weg, als ich denken kann.

Wenn ich mit Gedanken herumhänge, dann hole ich auch

noch sie mit ins Boot. Aber sitzen dort nicht schon genug drin? Ich, die Angst – und jetzt sollen auch noch zig Gedanken dazukommen? Lasse ich das zu, habe ich sie alle einsteigen lassen, sozusagen eingeladen. Kein Wunder, wenn das Boot kentert und wenn ich emotional völlig untergehe. Es zieht mich auf den Meeresgrund, wo ich doch eigentlich zu meinem Seelengrund abtauchen wollte. Da hilft nur eines: Spielplatz, ich komme!

Gedanken mischen sich ständig ein und das fühlt sich manchmal wie ein Übergriff an. Wenn man dieses Denken doch nur abschalten könnte, wünscht man sich. Aber das braucht man sich nicht zu wünschen, da es nicht funktioniert. Da sich Gedanken weder verscheuchen noch beeinflussen lassen, müssen wir taktisch vorgehen. Wir können Gedanken gezielt nach innen lenken und gezielt für Selbsterforschung einsetzen.

Wir könnten mit ihnen über uns selbst, unser Sein und Spiritualität nachdenken. Diese Gedanken schaden uns nicht und ziehen uns nicht runter. Rein theoretisch können wir auch den ganzen Tag etwas Schönes denken. Niemand sagt uns, dass wir Probleme wälzen sollen, jeden Gedanken ernst nehmen und ständig in ihnen herumwühlen müssen. Leichter gesagt als getan, denn auch du weißt, dass Gedanken ganz schön hartnäckig sein können. Das mögen sie sein, aber du hast das Zepter in der Hand. Oder hast du es abgegeben? An deine Emotionen oder an deine Gedanken? Das würde heißen, dass du vom Ich regiert wirst und es dich als Spielball für seine Spielchen benutzt. Das kennen wir alle zur Genüge.

Geh doch mal mit deinem Ich auf den Spielplatz, um dich mit ihm zu unterhalten, auszusöhnen oder einfach nur, um Blumen zu pflücken. In deiner Vorstellung könnte das Ich so groß sein, dass es kaum auf den Spielplatz passt. Ich denke, dass es bei jedem Besuch kleiner werden kann. All seine Brüder und Schwestern, Cousinen und Cousins, Kumpels und Freunde (Gedanken und Emotionen) sind genau die, die uns bisher das Leben schwer gemacht haben.

Wir müssen das Ich nicht loswerden, sondern durchschauen, dass es nur das Spiel der Gedanken ist, das seine Präsenz aufrechterhält und ihm die Macht gibt, uns in die Irre zu führen. Eigentlich ist alles eine Farce. Wir haben alle schon davon gehört, dass das Ich samt Welt nur eine Illusion sei. Aus einer tieferen Sicht mag das so sein, da ein Ego aber nur oberflächlich sieht, wird das, was es über die Sinne erlebt, Realität bleiben. Es definiert sich ja darüber. Auch wenn das Selbst die einzige Wahrheit ist, können wir nicht von seiner Ebene aus argumentieren. Warum? Weil wir uns auf einer anderen Ebene befinden. Und weil es auch unser Empfinden ist, sind Welt und Ich Fakt.

Wir können nie wissen, wie und was ein verwirklichtes Selbst ist, wir können es nur realisieren. Als begrenztes Wesen über Unbegrenztes zu sprechen, kann man versuchen. Doch es bleibt unmöglich, es zu erfassen, so wie einem Blinden die Farbe Rot noch nach Tausenden Umschreibungen ein Rätsel bleiben wird. Um über Mutmaßungen und Spekulationen hinauszugehen, nutzen wir unsere innere Instanz, die sich darin wiedererkennt.

Das, was wir wirklich sind, ist bereits angekommen. Hier und jetzt. Da ist nichts, wenn Gedanken verblassen und es still im Menschen wird.

Paula – Ein-Blicke in ein Leben

Mein Lebensinhalt war seit Anbeginn außerordentlich stark leistungsorientiert geprägt. Bereits mit drei Jahren trug ich stapelweise Holz in die Wohnküche, nicht nur, um gesehen, sondern auch, um gelobt zu werden. Dass ich seit frühester Kindheit in den Arbeitsmechanismus eingegliedert war, sollte mein ganzes Dasein prägen. Die Auswirkungen zeigten sich erst ein halbes Jahrhundert später, gerade noch rechtzeitig, um schlussendlich doch noch die Kurve zu kriegen.

Das Leben auf dem Bauernhof war arbeitsreich anstatt idyllisch. Wenn man nicht spurte, bekam man einen Eimer Wasser ab. Spielen? Fehlanzeige! Manchmal verschwand ich still und heimlich oberhalb des Hofes im Wald. Dort lebte ich in meiner heilen Fantasiewelt, wo ich Almhütten mit Tieren baute und mich am Duft von Moos und Rinde labte. Der laute Ruf meines Namens holte mich in diese seltsame Welt zurück, wo man funktionieren, folgen und viel leisten musste. Es gab immer mehr Arbeit, als zu bewältigen war.

Ich frage mich heute noch, wie das meine Mutter bewerkstelligen konnte. Sonntags ging man in die Kirche. Ich ging einfach mit, weil das die einzige Möglichkeit war, meiner Mutter nahe zu sein. Der Spaziergang durch den Wald, das gemeinsame Singen und die Gebete und Gedichte haben mir Halt gegeben und mich durch mein Leben getragen.

Im Haushalt, im Wald, im Stall, auf den Feldern bei der Heu- und Kartoffelernte und bei den Tieren auf der Weide gab es immer etwas zu tun. Das Schlachten der Schweine fand ich unerträglich, noch heute kann ich ihre verzweifelten Schreie hören. Die großen Kühe stellten für ein kleines und zierliches Mädchen wie mich eine Herausforderung dar. Wir mussten sie beisammenhalten, da es damals noch keine Zäune gab, und so verbrachte ich mit meinen Geschwistern die Sommertage nicht im Freibad oder am See, sondern damit, dieser nicht ganz ungefährlichen Aufgabe gerecht zu werden. Auch mussten die Kühe täglich von Hand gemolken werden, da das damals so üblich war. Das Striegeln ihres Fells übernahm ich gerne, weil ich die Wärme und das weiche Fell spürte und sie es genauso genossen wie ich. Ich gelangte dann zur Meinung: Man kann doch nicht essen, was man liebt!

Vielleicht haben all diese Erfahrungen dazu beigetragen, dass ich später Vegetarierin geworden bin. In der Schule saß ich in der letzten Reihe, weil ich die war, die nach Stall stank. So wurde es mir auch gesagt und so wurde ich auch behandelt. Eine Freundin hatte ich nie. Meine Freunde waren die Bäume, mit denen ich sprach, wenn ich den langen Weg durch den Wald heimwärts ging. Wie oft habe ich mich gefürchtet, weil es frühmorgens noch so finster war. Singen lautete dann die Devise und so zu tun, als ob alles in Ordnung wäre. Im Winter stopfte ich Zeitungspapier in die viel zu großen Schuhe, was aber nicht verhinderte, dass ich an den Zehen fror.

Die schweren Milchkannen trug ich bereits als sechsjähriges Mädchen ins Tal, was es mit dem Schulweg zu kombinieren galt. Auch in späteren Jahren stand Arbeit im Mittelpunkt, und ich hatte oft mehrere Jobs gleichzeitig, um für die Familie zu sorgen. Ich ging in der Liebe zu meinen Kindern auf, führte den Haushalt in Perfektion. Nie saß ich still, es gab auch jetzt immer etwas zu tun. Mein Mann trank gerne und verbrachte seine Zeit lieber im Gasthaus, wo auch sein Geld liegen blieb. Während er die Wohnung mit Zigarettenrauch vernebelte und mit einem Bier vor dem Fernseher lag, saß ich auf der Bank im Garten, nachdem ich ihn versorgt wusste.

Ich genoss die Ruhe und war froh, ein paar wenige Augenblicke für mich zu haben. Dann ging es daran, die Kinder ins Bett zu bringen und für den nächsten Tag vorzukochen, denn um 4:00 Uhr war Tagwache. Ich gab immer mehr als alles, was ich eines Tages zu spüren bekam. Krankheiten klopften an die Tür, bevor sich ein kompletter Zusammenbruch anbahnte. Der war so intensiv, dass mir schon bald die Frühpension entgegeneilte. Ich habe es am eigenen Leib erfahren, dass schwere körperliche Arbeit und die Missachtung der eigenen Gefühle dem Körper großen Schaden zufügen können. Ich kann nur jedem raten, auf sein Herz zu hören und über seinen eigenen Schatten zu springen, bevor es bleibende Schäden gibt. Es ist nie zu spät, sein Leben zu verändern.

Das war eine kurze Geschichte über Paulas Leben, eine Freundin meiner Frau. Danke an dieser Stelle an beide für die wertvollen Notizen, die mir zur Verfügung gestellt wurden. Der Name wurde von mir geändert. Hervorgehoben habe ich in diesem kurzen Lebenseinblick vordergründig das, was Paula viele Jahre auf der Seele lag. Ich verzichte darauf, unzählige Beispiele unterschiedlicher Personen aufzuführen. Jedes Leben ist anders, jede Geschichte individuell. Dieses Kapitel soll aufzeigen, welche unglaublichen Auswirkungen die Kindheit auf uns haben kann, es enthält aber auch fruchtbare Einsichten und Erkenntnisse, die eben nur aufgrund vergangener Erfahrungen möglich sind. Somit sind es die Erfahrungen, die uns Annäherung und Rückbesinnung auf uns selbst und die daraus resultierende innere Heilung zu Füßen legen.

Das innere Kind von Paula ist heute quietschfidel, fröhlich und sorgenfrei, weil die wunderbare Person, die hinter Paula steckt, ihr inneres Kind sachte an die Hand genommen und behutsam aus all den Nöten herausgeführt hat. Es war kein leichter Weg, er war von vielen schmerzhaften Prozessen durchzogen. Die Wanderung durch die dunklen Täler musste sie nicht alleine gehen, sie spürte immer diese innere leuchtende Kraft, die sie stützte und trug.

Sie sagt: »Der jahrzehntelange Prozess der Befreiung hat sich gelohnt. Ich konnte mich von den Spuren der Vergangenheit lösen. Der Lohn ist der innere Frieden mit mir selbst. Das war aber nur möglich, weil ich Schuldzuweisungen losgelassen habe und nicht in der Vergangenheit stecken blieb. Man muss darüber hinausgehen und die Dinge aus einem anderen Blickwinkel betrachten. Es braucht ein Verständnis für die Situation, für die Eltern und die Loslösung an sich, die schlussendlich alle Missverständnisse heilt und Frieden in die Herzen aller Beteiligten bringt. Ich habe vieles erkannt, aber die wichtigste Einsicht war, dass dies alles mit mir selbst zu tun hat und ich das, was mir widerfahren ist, nur in meinem Innersten lösen kann. Niemand konnte mir helfen, außer ich mir selbst. Der Aufenthalt in einer Klinik war zwar Teil meines Weges, aber was ich dort erfuhr, half mir nur wenig. Es war mir zu nüchtern, zu sehr schematisiert. Aber eine willkommene Auszeit! Man wollte mit Logik an mein Problem herangehen. Dass das nicht den Kern des Problems erfassen konnte, lag für mich von Anfang an auf der Hand. Alle hatten ihr Bestes gegeben, aber oft muss man zusätzlich auch unkonventionelle Wege wagen, um Licht am Horizont zu Gesicht zu bekommen.

Auf den Spuren des Geschehenen bin ich nach innen gereist und auf den Strahlen des Lichts zurück. Drehe ich mich um und blicke zurück, wäre es falsch zu sagen, dass ich mich mit meiner Vergangenheit ausgesöhnt habe, denn da ist nichts mehr, was es zu sehen oder zu sagen gibt. Im Hier und Jetzt fallen Zukunft und Vergangenheit ab. In sich ruhend kann der die Schönheit der Welt bestaunen, der dem Selbst nahe ist, weil er realisiert, dass die Schatten der Welt nichts weiter sind als unerlöstes Licht.«

Hier eine Gegenüberstellung von Paulas Erfahrungen in der Kindheit und den Folgen, die sich daraus in ihrem Erwachsenenleben zeigten.

Paulas Erfahrungen:

1. Arbeiten bis zum Umfallen

2. Hochleistung bei Kindern als selbstverständlich verstehen

3. Zu jeder Zeit verfügbar sein

4. Wenig Zuspruch und Lob

5. Sich mitzuteilen war unerwünscht.

6. Was mache ich hier auf dieser Welt?
Paula empfand sich bereits mit
fünf Jahren fehl am Platz.

7. Arbeit auch bei Krankheit

8. Arbeit bis zur Erschöpfung

	Daraus resultierende(s) Negativ-Programm/ Glaubenssätze/Folgen:
1.	»Nur als arbeitende Kraft ist man etwas wert.« Es fällt schwer, nichts zu tun, ohne dass etwas in einem ständig den Vorwurf erhebt, dass man faul ist, und man innere Stimmen im Kopf hat wie: »Tu was. Du musst etwas arbeiten.« Körperliche Folgen: Restless-Legs-Syndrom
2.	Geht ständig über ihre Grenzen, hört erst zu arbeiten auf, wenn sie Schmerzen hat.
3.	Zu jeder Zeit für alle da zu sein
4.	Man tut viel, um zu gefallen und gelobt zu werden.
5.	Spricht leise und kann sich nicht so gut ausdrücken.
6.	Nach einem Radunfall wollte sie ins Licht gehen, da sah sie ihre Mutter an ihrem Grab stehen. Ihr stand die Verzweiflung und Trauer ins Gesicht geschrieben. So entschloss sie sich hierzubleiben. Sie hatte ihr zweites Leben ihrer Mutter zu verdanken. Danach fühlte sie sich noch verlorener als zuvor.
7.	Gelenkschmerzen, Osteoporose, Rücken- und Wirbelsäulen-Probleme
8.	Burn-out – fühlt sich ausgebrannt, emotional wert- und nutzlos, verbraucht; getrieben sein

Paulas Erfahrungen:	
9.	Hat immer funktionieren müssen.
10.	Anderen helfen zu wollen und für sie zu sorgen, aber auch Dinge erledigen, wie Medikamente vorbeibringen, Mahlzeiten und Kuchen, Kinder hüten, wenn es einem selbst nicht so gut geht
11.	Gesundheitliche Probleme aufgrund jahrelanger Schinderei und Ignoranz der eigenen Gesundheit
12.	Eigener Stellenwert musste hintangestellt werden.
13.	Das äußere Erscheinungsbild war nie ein Thema. Kleidung von anderen auftragen, Schminken unerwünscht
14.	Es war keine Zeit für Freundinnen und soziale Kontakte außerhalb der Familie.
15.	Musste sich immer anpassen.
16.	Widersprüche unerwünscht
17.	»Lass andere nicht tun, was du selbst machen kannst!«
18.	Tod der geliebten Mutter

	Daraus resultierende(s) Negativ-Programm/ Glaubenssätze/Folgen:
9.	Zu glauben, unersetzlich zu sein
10.	»Ich muss für andere da sein!«, »Ich muss sie unterstützen« – nach dem Prinzip unter Punkt 2: »Nur wenn du etwas tust, bist du etwas wert!«
11.	Frühpension
12.	Mangelndes Selbstvertrauen
13.	Unsicherheit in vielen Bereichen
14.	Bekam mit 16 Jahren ihr erstes Kind, weil sie sich eine Puppe, also eine Freundin, wünschte, die nur ihr gehört
15.	Setzt alles daran, allen gerecht zu werden.
16.	Neigt dazu, zu allem »Ja« zu sagen.
17.	Alles an sich zu reißen und anderen etwas abnehmen zu wollen
18.	Brustkrebs, emotionaler Konflikt von Verlust

Kinder sehen die Welt mit den Augen der Eltern. Sie sind ihre Vorbilder und übernehmen ihre Sicht, weil sie sie für richtig halten und vorerst nur das kennenlernen. Paula stellte sich die Frage, warum sie so ist, wie sie ist. Die Eltern arbeiteten hart, sie war in dieses Gefüge hineingewachsen, und die Einstellung der Eltern war zu ihrer eigenen geworden. Es dauerte eine Weile, bis ihr bewusst wurde, was es mit ihrem Verhalten auf sich hat.

Mit der Zeit richtete sie ihre Aufmerksamkeit nicht mehr auf das Vergangene oder auf die Eltern, sondern beobachtete, was innerlich ablief, wenn ein altes Programm, wie das Nicht-zur-Ruhe-Kommen, aktiviert wurde.

Durch die Beobachtung der Emotionen und den Verzicht, etwas loswerden, ändern oder auflösen zu wollen, wurden diese Emotionen schwächer. Sie nährte sie nicht mehr und konnte ihre Schwächen in Stärken umwandeln.

Indem wir Situationen aus einem anderen, unpersönlichen Blickwinkel betrachten, können wir den Emotionen den Wind aus den Segeln nehmen, und ihre Auswirkungen ebben ab. Dieser nötige Abstand zu Erfahrenem braucht jedoch Zeit. Die sollte man sich frei von Druck mit der Gewissheit schenken, dass alles im Leben vorübergeht.

Und hier ein paar Einsichten und Erkenntnisse von Paula nach jahrelanger Innenschau und stetigem Besinnen auf das Selbst:

- Es gibt keine verallgemeinernde Antwort darauf, wie man seine inneren Verletzungen heilen kann. Auf jede Frage gibt es eine Antwort, die man in sich entdecken muss. Jeder wird seinen eigenen Weg finden, wie er mit sich ins Reine kommen kann, wenn er wirklich dazu bereit ist. Es muss einfach stimmen. Man sollte nicht in die Schuhe des anderen schlüpfen und etwas nachahmen oder Vorschlägen einfach folgen. Kreiere deinen eigenen Weg, auch wenn er vorerst in einer Sackgasse landet oder mit Umwegen aufwartet. Jede Lösung ist so individuell, wie der Mensch es ist.

- Eltern sind dazu aufgerufen und meines Erachtens dazu verpflichtet, ihren Kindern ihr ganzes Vertrauen zu schenken und sie zu begleiten, anstatt sie zu erziehen. Kindern muss man nichts beibringen, sie bringen sich alles selbst bei und das geschieht »nur« über das Spiel. Nicht über das Mensch-ärgere-dich-nicht-Spiel, sondern über das spielerische Erleben aller Lebenslagen. Ich habe drei wunderbare Kinder und bestimmt nicht immer alles richtig gemacht. Ich habe auch nicht versucht, es besser zu machen als meine Eltern, sondern anders. Jeder gibt sein Bestes, weil jeder nur aus seinen Prägungen heraus handeln und leben kann.

- Lösungen entstehen nicht, indem man alles über den Haufen wirft, sondern eine andere Haltung einnimmt, die einen Perspektivenwechsel zur Folge hat. Dies bedeutet, in sich selbst aufzuräumen und auszumisten. Alte Meinungen zu hinterfragen. Überholte Glaubenssätze zu überprüfen. Interpretationen zu durchschauen und irgendwann sein zu lassen. Missverständnisse zu erkennen. Eine neue innere Haltung kann man überallhin mitnehmen, somit gibt es keinen Grund, sie nicht einzunehmen oder beizubehalten.

- Der Standpunkt entscheidet. Von der Bergspitze aus ins Tal geschaut sieht alles sehr klein aus. Im Tal angelangt, ändert sich das. Betrachte ich mich als Lebensmittelpunkt, lebe ich getrennt von all dem, was mich umgibt, ich stehe an erster Stelle und nehme alles persönlich. Verlasse ich diesen Standpunkt und mache einen Schritt zurück, kann ich von außen auf mein Leben schauen und stelle fest, dass ich mich gar nicht so wichtig nehmen muss, weil es außer meinem kleinen Punkt noch Milliarden anderer solcher Punkte gibt, die absolut so gleichwertig sind wie ich.

- Ich habe realisiert, dass alle meine schmerzvollen Erfahrungen nur in der Erinnerung existieren. Das Vergangene ist vorbei, warum es also wiederbeleben? Wenn mich Gedanken überfallen, lache ich sie an, ignoriere sie oder denke an etwas Schönes. Ich lasse sie vorbeiziehen wie einen Vogel und werde mich hüten, sie zu mir hereinzulassen. Auch kann ich sie für fruchtbare Dinge nutzen und sie gezielt einsetzen, wo auch immer ich will. Gedanken sind hartnäckig, das stimmt, aber auch ich kann konsequent und bestimmend sein.

- Wenn mich an jemandem etwas stört, weil sich ein altes Gedankenmuster querstellt und Widerstand leistet, kann ich die giftigen Pfeile mittlerweile sofort erkennen, die zum Abschuss bereitstehen. Jegliche Form von Widerstand gleicht einem Mangel und hat nur etwas mit mir zu tun! Eine äußerst heilende Einsicht. Habe ich es versäumt, einen giftigen Pfeil zurückzuhalten, oder war der Pfeil schneller als meine Achtsamkeit, korrigiere ich das umgehend durch einen Liebespfeil. Diesen sende ich bewusst an die Person. Nicht nur gute Gedanken sind dann unterwegs, auch das aufrichtige Gefühl von Zuneigung für diesen Menschen. Eine gute Korrektur, die es versteht, die Wirkungen von Giftpfeilen zu neutralisieren.

- Gedanken haben meistens Gefühle im Schlepptau, mit denen ich mich arrangiert habe. Durch die Frage »Was ist jetzt da?« kann ich meine Prägungen immer besser durchschauen und erkennen, was in diesem Moment zu tun ist. Gefühle kommen auf mich zu. Sie sind aber nicht »ich« und gehören mir nicht. Es sind nicht meine Gefühle. Ich sehe Gefühle heute als etwas Externes, etwas, das von außen auf mich zukommt. So tue ich mir leichter, mich von ihnen zu lösen und Abstand zu bewahren. Sie als etwas außerhalb von mir Erscheinendes anzusehen und sie anzuerkennen, ist ein befreiender Weg. Ich erlaube ihnen, da zu sein, und schicke sie nicht weg. Die Gegenwehr hat ein Ende. Ich weiß, wenn sie nicht immer da waren, werden sie auch nicht von Dauer sein. Die Gewissheit, dass alles im Leben seine Zeit hat und vorübergeht, half mir sehr, mich über meine Gefühle zu erheben und sie sein zu lassen.

- Ich konnte als Kind nichts anderes tun, als die Werte meiner Eltern zu übernehmen. Neben all dem Arbeitswahn habe ich aber auch gelernt, effektiv, präzise, gut und schnell zu arbeiten. Ich liebe es, meinen Haushalt zu führen, und mittlerweile erledige ich alle Tätigkeiten mit absoluter Freude und Hingabe. Kaum zu glauben, aber Arbeit kann auch Spaß machen, frei von Druck und Muss. Alles ist es wert, mit Liebe gemacht zu werden. Auch Kinder.

- So etwas wie Schuld gibt es nicht. Wer soll schuld sein? Die Vergangenheit? Die Eltern? Die Umstände? Meine Unfähigkeit, mich durchzusetzen, also demnach ich selbst?

- Nein, auf solche Fragen lasse ich mich nicht ein. Es gibt nur Erfahrungen im Leben, die einen irgendwann immer zu sich selbst führen. In jeder auch noch so unangenehmen Erfahrung versteckt sich ein Hinweis und eine Erkenntnis, die sich irgendwann zeigt. Eine Erfahrung muss keinen Sinn haben, aber sie trägt eine Botschaft in sich. Ich bin überzeugt davon, dass man diese nicht verstehen muss, aber mit dem Herzen erfassen kann.

- Ich be- oder verurteile meine Eltern nicht. Mir war wichtig zu erfahren, warum ich so bin, wie ich zu sein glaubte, aber eigentlich nie war und gar nicht sein kann. Ich kann ja nicht so sein, wie andere über mich denken. Ich bin auch nicht so, wie ich glaube. Weder ich noch irgendjemand kann wissen, was ich bin, das sind nur Vorstellungen und Gedanken. Seither merke ich relativ schnell, wenn sich ein Muster wiederholt und auf leisen Sohlen angeschlichen kommt. Es sind nur Muster, die mich nicht mehr beeindrucken und berühren. So kann ich die Prägungen immer mehr durchschauen und erkennen, was in dem Moment zu tun ist. Bei sich bleiben und nicht ablenken lassen!

- Bücher von Daniel Herbst, Richard Rohr, Mario Mantese und Anandamayi Ma sowie Vorträge und Seminare von Eckhart Tolle, Kurt Tepperwein und André Stern haben mich unter anderem darin bestärkt, mich immer wieder aufzurichten, den Mut nicht zu verlieren, niemals aufzugeben, Vertrauen zu bewahren und vor allem, immer tiefer zu gehen. So konnte mein inneres Kind heilen. Ich versuche sinngemäß wiederzugeben, was André Stern mir mit auf den Weg gegeben hat: In uns allen wohnt ein verletztes Kind, dem gesagt wurde, dass es so, wie es ist, nicht richtig ist. Das machst du falsch, dies könntest du besser machen und damit bin ich nicht zufrieden. Drei von unzähligen Anschuldigungen, die unglaublichen Schaden anrichten. Früh haben wir gemerkt, dass wir uns verändern müssen, um akzeptiert zu werden. Den Erwartungen der Eltern entsprechen zu müssen, um geliebt zu werden, wer kennt das nicht. Aber nicht nur das, was man uns sagte, hat uns verletzt, sondern auch das, was man uns nonverbal vermittelt hat. Das Gefühl, falsch oder unfähig zu sein, ist genauso schlimm, wie gesagt zu bekommen: *Lieber wäre mir, wenn du dein Essen aufessen würdest. Lieber hätte ich dich, wenn du dein Zimmer aufräumen könntest. Mehr Freude hätte ich an dir, wenn du dich öfters mit deinem Musikinstrument beschäftigen würdest. Ich müsste mich nicht mehr ärgern, wenn du endlich das anziehst, was ich dir am Vortag auf dein Bett gelegt habe. Es wäre eine Erleichterung für mich, wenn du sofort nach dem Aufwecken aufstehst und nicht erst eine halbe Stunde später. Ich mag keine Kinder, die trödeln!* – Das sitzt.

▪ Solche Sätze gibt es zur Genüge. Da Kinder stets Harmonie anstreben und das Verhalten ihrer Eltern nicht beeinflussen können, beginnen sie, sich zu verstellen. Sie fügen sich und tun das, was von ihnen verlangt wird. Rasch bemerken sie, dass es friedlicher ist und sie sich geliebter fühlen, wenn sie das tun. So ist das Kind andauernd damit beschäftigt, sich anzupassen. Liegt das Hauptaugenmerk auf der Aussage *Du musst besser werden*, wird dem Kind die Fähigkeit des Seins abgesprochen. Allbekannte Sätze wie *Das kannst du nicht* oder *Wenn du größer bist, wirst du das verstehen* beflügeln das Kind darin, alles daranzusetzen, den Raum der Unbeschwertheit und der Natürlichkeit zu verlassen. Es will etwas sein, es möchte schnell groß werden und das, was jetzt ist, so schnell wie möglich hinter sich lassen, weil es scheinbar erst dann verstehen und erfahren kann, was richtig ist. Die Erwachsenen verstehen aber nicht, dass gar nichts an dem Kind falsch und gar nichts an ihrem eigenen Verhalten richtig ist. Sogar als Erwachsener sehen wir uns so, wie man uns als Kind gesehen hat. Das, was man früher vermittelt bekommt, nehmen wir mit und behaupten es Jahre später noch, und zwar aus voller Überzeugung! Ich kann das bestätigen. Unglaublich, wie tief das alles in uns eingeprägt ist.

- Dass wir nicht schön schreiben können oder unpünktlich sind, wird zu einem Mantra, obwohl das überhaupt nicht stimmt. Und zu allem Übel überprüfen wir es nicht. Diese Glaubenssätze begleiten uns ein Leben lang, und wir werden sie nicht mehr los, wenn wir es versäumen, sie zu hinterfragen. Stellen wir uns ihnen. Es ist nie zu spät, damit anzufangen und reinen Tisch zu machen. Das innere Kind hat einen sauberen Tisch verdient und keinen zugemüllten, der dreckig und voller Krümel ist.

- Ich habe aufgehört, nach Antworten zu suchen, und sie der Stille übergeben. Es ist leise geworden in mir. Antworten werfen nur weitere Fragen auf und ich will mich nichts mehr fragen und auch nichts mehr infrage stellen. Ich brauche weder Fragen noch Antworten, lediglich Vertrauen, dass alles seine Richtigkeit hat. So wirble ich keine weiteren Überlegungen auf und bin dadurch gelassener und ausgeglichener geworden.

- Die Sicht auf all die Erfahrungen, die ich als schmerzhaft erlebt und auf Personen projiziert habe, hat sich geändert. Heute ist mir bewusst, dass jede Begegnung für eine Art Erfüllungshilfe steht. Wer nicht Nein sagen kann, wird dementsprechend oft herausgefordert. Wer ungeduldig ist, ebenfalls. Die, die nur des Friedens willen immer lieb sein wollen und unaufrichtig sind, bekommen auch ihre Lektionen. Und all diese Lektionen durfte auch ich erfahren und natürlich noch viele mehr. Es hat etwas gedauert, bis mir bewusst wurde, welch großes Geschenk mir durch jede einzelne zuteilwurde. Ich durfte Geduld, Schweigen, Sanftmut, Akzeptanz, Klarheit, Respekt, Demut, Verantwortung, Aufrichtigkeit und Hingabe lernen. Danke an all die Menschen, Tiere und Situationen, die mir auf die Nerven gegangen sind, mich herausfordert haben, nie das taten, was ich wollte, mich links liegen gelassen haben, mich aus meinem Schneckenhaus geholt und mir damit unendlich geholfen haben.

- Das Leben bietet die besten Lehrstunden, und am meisten lernen können wir von den Dingen, die wir ablehnen und nicht haben wollen.

- Ich muss nichts mehr erreichen und kann das Leben genießen. Ohne Druck entspannt glücklich zu sein, ist eigentlich gar nicht so schwierig, wenn man den ganzen Müll, der sich in einem angesammelt hat, aus einer gesunden Distanz betrachtet und sich emotional davon gelöst hat.

- »Schaue nie zurück und nie nach vorne, sondern in den Augenblick hinein.«

Ich mag mich, wie ich bin, und bin dankbar für das Leben.

Als ich mich bei Paula für ihren wertvollen Beitrag bedankte, fragte ich sie, wie sie es geschafft hatte, ihre

Krebserkrankung zu überwinden. Sie hatte zwei Operationen und danach intensive Bestrahlungen, die sie über sich ergehen lassen musste und die sie körperlich völlig außer Gefecht gesetzt hatten. Sie hat eine Freundin, die Ähnliches durchlebte, die ihr eine große Stütze war. Mit Helga konnte sie sich austauschen und Einblick in ihre Erfahrungen bekommen und Einsichten gewinnen. Ihre Freundin sagte ihr, dass jeder Betroffene durch seine dunklen Lebensabschnitte muss und man nur dann als Gewinner hervorgeht, wenn man sich nicht zu stark von der Krankheit beeinflussen lässt. Jedes Mal, wenn man kein Licht mehr sieht und am Boden ist, darf man die Aufmerksamkeit nicht mehr auf die Schwere richten. Lethargie mag kurzfristig auftreten, ist aber keine dauerhafte Option. Man muss sich nach etwas ausrichten, das einen emporzieht und Kraft gibt. Man muss sich einen Anker suchen und gedanklich wie emotional Abstand gewinnen. In unserer Erinnerung wohnen so viele helle Momente, die man jederzeit herbeiholen kann. Es gilt, sie in solchen Momenten zum Leben zu erwecken. An sie sollte man sich halten und sein Herz und seinen Kopf damit füllen.

Gebete können ebenso hilfreich sein, sie sind Zwiegespräche, die man mit der eigenen Größe führen kann. Die Energiefelder von Krankheit und Schmerz, Kummer und Leid sind sehr stark. Man sollte sie nicht unterschätzen. Trotzdem ist es kein Grund, sich von ihrer Präsenz überrollen zu lassen und sich aufzugeben. »Mit der Krankheit kann man sich arrangieren und sie akzeptieren, aber finde dich nie damit ab. Denke nie, das ist jetzt mein Schicksal und ich kann ohnehin nichts tun. Annehmen und akzeptieren bedeutet nicht aufzugeben. Nicht im Kämpfen, sondern in der Hingabe und im Vertrauen wohnt das Licht, das Heilung bringt. Negativen Gedanken muss ein Riegel vorgeschoben werden. Alles ist besser, als nichts zu tun. Auch wenn man das Gefühl hat, dass gar nichts mehr hilft: Jedes einzelne Mal, bei dem es gelingt, sich über das Feld des Leidens zu erheben, ist ein Siegeszug, der Wirkung zeigt! Man sollte sich diszipliniert nach innen richten und sich dem Raum der negativen Gedanken und Emotionen stellen. Es ist nie zu früh, damit anzufangen. Scheinbar mussten wir krank werden, um uns endlich aus unserer Komfortzone herauszubewegen. Wir alle müssen erkennen, dass wir mit unseren Gedanken, unserer Einstellung und Haltung in der Lage sind, aus der Negativspirale auszusteigen und Gelassenheit zu aktivieren«, hatte Helga zu Paula gesagt. Diese Worte waren für Paula eine wichtige Stütze, denn sie hatte am eigenen Leib erfahren: Ist man erst mal krank, ist es sehr sehr schwer, einen Anker zu finden. Man sollte als junger und gesunder Mensch Vorsorge treffen, damit man in späteren Jahren von allen Situationen Abstand gewinnen kann. So kann man Schwierigkeiten mit einer inneren Ruhe ohne Stress, Angst und Panik begegnen. Man kann sich bei Stimmungsschwankungen und jeglichen negativen Emotionsausbrüchen umgehend bewusst machen, dass dies alles das Ich betrifft, aber nicht das Selbst. Gedanken wie *Das schaffst du nicht, Du lebst ohnehin nicht mehr lange, Du wirst bald sterben* ziehen einem noch mehr Energie ab und schwächen physisch und psychisch. Ihnen muss man Einhalt gebieten. Es geht nicht darum, sie loszuwerden, sondern zu durchschauen, wozu sie in der Lage sind, wie sie auf uns einwirken, warum sie da sind und was es mit ihnen wirklich auf sich hat. Genau dorthin muss der Fokus gelenkt werden. Das ist auch eine wunderbare Möglichkeit, sich auf solche Fragen zu konzentrieren und nicht im Leid hängen zu bleiben. ***Es geht aber nicht um die Fragen an sich, denn die Frage lautet nicht: »Wie denke ich?«, sondern: »Wer denkt immer dasselbe?«!***

Lass diesen Satz auf dich wirken. Es ist eine Hausaufgabe fürs Leben. Sie hat eine enorme Kraft und trägt Antworten in sich, die dich direkt zu dir selbst führen. Sage ihn dir immer und immer wieder vor, ohne etwas zu erwarten.

Erstaunlich, welch wertvolle Einsichten diese zwei Frauen erfahren durften. Sie waren durch ihre Krankheit gereift und hatten zu sich selbst gefunden. Paula hat übrigens drei wunderbare Töchter. Die jüngste heißt Carla. Ihr hatte sie die Notizen für ihr Buch zu lesen gegeben und anschließend auch das Kapitel, das ich daraus gemacht habe. Spontan hat sie ein paar Zeilen aus ihrem Leben festgehalten, mit dem Vermerk, dass ich ihre Geschichte bei Bedarf gerne in das Buch mit einbauen kann. Herzlichen Dank!

Auch an Carla war die Kindheit nicht spurlos vorübergegangen. Der Vater war nur selten da und Carla hat besonders darunter gelitten. Da sie später nie in einer intakten längeren Beziehung lebte, fragte sie sich eines Tages, warum sie es nie geschafft hat, eine engere Beziehung aufzubauen. Warum hatte sie Männer nicht näher an sich herangelassen? Dabei stieß sie auf die Einsicht, dass ihr

Vater sehr früh verstorben war. Plötzlich war er weg, auch wenn er vorher schon kaum Zeit für sie hatte. Trotzdem hatte er eine Vorbildfunktion als erster und wichtigster Mann in ihrem Leben. Ihr Papa war eben ein Held, auch wenn er sich gar nicht wie einer verhalten hatte. Sie liebte ihn über alles und war um seine Gunst stets bemüht. Als Kind sehnte sie sich nach ihm, nach seiner Zuneigung und seiner Liebe. Sie hatte immer Sehnsucht nach ihrem Vater, und nun kam der erwachsenen Frau der Verdacht, dass sie Liebe wohl mit Sehnsucht verwechselte. In dieser Sehnsucht hatten sich starke Gefühle entwickelt, und somit wurde es ihr später unmöglich, Liebe zuzulassen. Ihr war es fremd, dass jemand für sie da war.

Carla begann, an sich zu arbeiten und den inneren Schmerz zuzulassen. Einmal fuhr sie mit ihrem Auto an einen abgelegenen Ort, um ihrem Schmerz Raum zu geben. Sie saß im Auto und wollte laut schreien. Doch dies gestaltete sich schwieriger als gedacht. Sie konnte gar nicht laut schreien, weil ihre Stimme versagte. Ein Krächzen und Hustenanfälle, viel mehr war nicht zu hören. Sie kam sich komisch vor und schämte sich. Sich für sein Verhalten und seine Laute zu schämen, wenn man doch alleine war, war das normal? Zu allem Überfluss bemerkte sie dann auch noch, dass sie nicht einmal weinen konnte, obwohl ihr danach war. Sich mit seinem eigenen Schmerz zu konfrontieren, ist alles andere als einfach, aber der wichtigste Schritt!

Carla entschloss sich, noch tiefer zu gehen und sich für einige Wochen an einen Ort der Stille zurückzuziehen, wo während des ganzen Aufenthalts nicht gesprochen wurde. Die ersten Tage empfand sie es als hart, auf sich selbst zurückgeworfen zu werden, und sich mit nichts anderem auseinanderzusetzen als mit sich selbst, war eine völlig neue Erfahrung. Auch sie arbeitete stets viel und hatte von ihrer Mutter wohl unbewusst einige Muster übernommen. Nach einer Woche im Kloster spürte sie eine Veränderung. Diese tiefe Einkehr schaffte eine friedvolle Atmosphäre, die sie umgab. Als sie nach fünf Wochen wieder nach Hause fuhr, stellte sie fest, dass es ihre eigene Atmosphäre war. Sie war ein anderer Mensch geworden und hatte einen Teil ihres alten Ich abgestreift. Eine weitere Einsicht war, dass Liebe kein Sehnen bleiben muss. Die Prägung durch ihren Vater hatte sich gelöst und ein Mann trat in ihr Leben. Die Quintessenz ihres bisher harmonischen Zusammenseins: Jeder lässt den anderen so sein, wie er ist, ohne ihn verändern zu wollen. Veränderung beginnt bei einem selbst, und sie verändert das ganze Umfeld sowie das Leben.

Wie ich meinem inneren Kind nahe bin ...

... und mir selbst Gutes tue.

Was könnte man sich Gutes tun?

Man sollte sich zum Beispiel geistige Nahrung jeden Tag zuführen. **In ein gutes Buch** kann man sich jederzeit vertiefen. Man kann sich fallen lassen und zur Ruhe kommen. Es gibt keine Zeit am Tag, wo es sich nicht lohnen würde, ein Buch zur Hand zu nehmen, das geistig inspiriert. Alles, was wir regelmäßig tun, hinterlässt Spuren. Im negativen sowie im positiven Sinn. Es ist ein schönes Ritual, wenn man täglich vor dem Einschlafen ein paar Seiten liest. Es heißt nicht umsonst, dass man das mit in den Schlaf nimmt, womit man sich vor dem Einschlafen beschäftigt hat. Ein Krimi mit Mord und Totschlag ist dann natürlich weniger empfehlenswert. Das innere Kind wird es einem danken, wenn man darauf verzichtet.

»Waldbaden« ist in aller Munde. **In der Natur** finden wir Ruhe, der Kopf wird still. Ich staune immer wieder, wenn ich Menschen im Wald begegne, die Kopfhörer tragen. Wer sich der heilenden Wirkung der natürlichen Klänge bewusst ist, würde auf Ablenkungen jeder Art verzichten. Schnell noch durch den Wald zu laufen, um fit zu bleiben und seinem Körper etwas Gutes zu tun, ist sicher nicht verkehrt. Will man aber in der Natur seiner eigenen Natur auf die Schliche kommen, muss man sich schon etwas mehr Zeit nehmen. Man sollte achtsamer sein und sie in ihrer Fülle spüren und genießen und mit allen Sinnen in sich aufnehmen können.

> *Wer dem Plätschern des*
> *vorbeirauschenden Baches lauscht,*
> *kann darin sein*
> *eigenes Fließen entdecken.*

Im Wald muss man sich auch nicht unterhalten, man kann von ihm die Stille lernen, sie heilt. Werde gleich still wie die Bäume. Sie tragen dich an einen Ort, an dem du das

Ich hinter dir lassen kannst. Bäume geben uns Kraft, das Gras lehrt uns Widerstandslosigkeit, die Blüten Hingabe … Mithilfe der Natur kann man einen liebevollen Umgang mit sich selbst und seinem Körper finden. Der Wald beinhaltet so vieles, was wir vergessen haben. Er ist seit jeher der beste Arzt und Therapeut und bekommt auch das innere Kind zu spüren. Wir sollten ihn so oft wie möglich aufsuchen, es lohnt sich.

Auch aus tiefgehenden Gebeten kann man innerlich profitieren. Man kann sich darin aufhalten, wohlfühlen und wiederfinden. Mit dem Beten beginnt man am besten nicht erst, wenn man Hilfe braucht, sondern macht es zum Teil seiner täglichen Psychohygiene. Wie mit dem Zähneputzen kann man jeden Tag mit einem Gebet beginnen oder ausklingen lassen. Ein wahrhaftiges Gebet richtet sich nicht an irgendjemanden dort oben, es zielt nach innen. Es hat nichts mit Religion oder Kirche zu tun. Ein Gebet ist eine Anrufung, die davon überzeugt ist, gehört zu werden. Alles kommt an der richtigen Stelle an, wenn es aus einem reinen Herzen kommt. **Beim Beten** fühlt man sich geborgen, es ist eine intime Angelegenheit. Es ist mehr, als die Hände zusammenzufalten, es ist ein Zwiegespräch mit dem inneren Kind, mit der eigenen Seele. Eine spirituelle Handlung, eine tiefgreifende Rückverbindung, Hingabe pur.

Auch **bei Tieren** finde ich Ruhe. Sie scheinen mich zu verstehen. Ihr Schweigen ist mein Trost. Ihr Hiersein meine Quelle. Nicht umsonst haben so viele Menschen Haustiere oder erfreuen sich an den Tieren in der Natur. Ich habe mich schon öfters gefragt, ob das Dasein der Tiere einen höheren Zweck verfolgt. Die Katze mag Streicheleinheiten. Aber wir sind es, die sich noch viel mehr darüber freuen. Vielleicht sind ihr weiches Fell und ihr unschuldiges und niedliches Aussehen auch ein wenig dazu da, damit wir Zärtlichkeit entwickeln; die Zärtlichkeit, nach der sich auch das innere Kind sehnt. Lehren uns Tiere Liebe, indem sie uns Zuneigung entlocken? Was für ein schöner Gedanke. Immer mehr Menschen beobachten Vögel. Es ist meditativ. Vögel sorgen sich nicht, denken nicht nach und dennoch ist für sie bestens gesorgt.

In der Hingabe scheint sich ein großes Geheimnis zu verbergen, das es zu lüften gilt. Sie ist es, die uns zu uns zurückführt und es schafft, einen sensibleren Menschen aus uns zu machen. Hingabe wird oft mit Schwäche oder Unterwürfigkeit verwechselt. Etwas unvoreingenommen zu bejahen, sich frei von Widerständen den Aufgaben des Lebens zu stellen, Herausforderungen anzuerkennen und sie mutig anzugehen, all das verkörpert die Hingabe. Sie ist etwas Stilles und Gediegenes, nichts Euphorisches. Sie ist der Ursprung vom inneren Kind. Sie ist eine edle Form von Begeisterung. Nicht umsonst heißt es: ***Wir wachsen da, wo wir uns begeistern.***

Wir versuchen, immer alles richtig zu machen, es so zu machen, wie es gehört. Doch wie gehört es? Das Ergebnis ist nicht so wichtig, viel wichtiger ist die Hingabe. Wir sollten alles im Leben hingebungsvoll tun und niemals etwas halbherzig. Aus einem Muss heraus zu handeln, bringt keine guten Ergebnisse hervor. Alles, was wir nicht mit Freude tun, trägt keine gute Energie in sich, und das wird spürbar sein. Wird mit Liebe gekocht, schmecken auch die einfachsten Gerichte gut. Exquisite Zutaten alleine reichen nicht aus, um ein gutes Essen zuzubereiten. Du hast alles richtig gemacht, wenn man die Qualität von hingebungsvoller Arbeit spürt. In ihr liegt die Erfüllung.

In der Achtsamkeit liegt eine große Kraft. Schlechten Gedanken keinen freien Lauf zu lassen, Worte zu zügeln und bedacht zu handeln, das kann man eigentlich immer tun. Achtsamkeit in Gedanken, im Wort und im Handeln gehört zur Königsdisziplin.

Bis Achtsamkeit zum ständigen Begleiter wird, dazu braucht es eine gewisse Reife.

> *Solange rastlose Überlegungen ständig nach außen schweifen und uns Eindrücke des Lebens zu sehr beeindrucken, entsteht Druck, der die Achtsamkeit schmälert.*

Achtsamkeitsübungen oder Meditation mögen manch einem dabei behilflich sein, zur Ruhe zu kommen und das innere Kind zu beruhigen. Doch Ruhe ist lediglich die Abwesenheit von Gedanken, wobei Stille weit über das hinausgeht. Der holländische Komponist Antoine Beuger sagte einmal, dass das Entscheidende immer geschieht, wenn etwas aufhört. Dann geschieht Stille, woraus das Neue entstehen kann. Ohne diese Stille würde alles nur eine Fortsetzung des Alten sein, nicht nur in der Musik.

Es braucht Geduld und Disziplin, um einen Neuanfang zu wagen. Wer sich immer wieder in sich kehrt, wird die für ihn maßgeschneiderte Methode finden. Dann wird es auch im Oberstübchen ruhiger, was den Geist weit werden lässt. Geist hat nichts mit Gedanken zu tun. Geist ist die Grundlage allen Seins und durchströmt alle Lebensformen, so wie die Liebe es tut. Geist und Liebe sind eins.

Auch wenn der Körper nur unsere Hülle ist, er ist unser Zuhause. Er will gepflegt werden und er hat ein Recht darauf. Er ist das Fahrzeug, das uns nach Hause bringt. Ohne ihn ist Selbstverwirklichung nicht möglich. Bewusstwerdung benötigt also ein Instrument, in dem alle Sinne vereint nach Erfahrungen streben. **Der Körper will gut ernährt, gepflegt und bewegt werden.** Das innere Kind schätzt es, in einem gepflegten und gesunden Haus zu wohnen. In der Bewegung fühlt sich der Körper wohl. Ist er einmal kaputt, ist die Reise zu Ende. Er kann nur bedingt repariert werden und deshalb sollten wir gut auf ihn achtgeben. Alles, was ihm zugeführt wird und mit ihm bewerkstelligt werden soll, sollte ihm guttun. Es ist unglaublich, was der Körper aushalten muss und aushalten kann. Da wird ungesundes, totes und denaturiertes Zeug in ihn hineingeschoben, sodass man nur noch den Kopf schütteln kann. Nur frische, sonnenverwöhnte und lebendige Nahrung ist gute Nahrung. Das andere geht auch, wird aber Jahrzehnte später Folgen zeigen. Jeder muss dafür die Verantwortung übernehmen, was er isst. Auch Couch-Potatos wissen das. Es ist natürlich nicht leicht, alte Gewohnheiten über den Haufen zu werfen und einen bewussten Lebensstil zu entwickeln. Den inneren Schweinehund überwindet man, indem man ihn überwindet. Frei nach dem Motto: Willst du glücklich sein, dann sei es! Die Entscheidung liegt bei dir. Es ist nie zu spät, und der beste Moment, damit zu beginnen, ist natürlich jetzt.

Im Humor liegt so viel Lebenslust, und mit ihm lebt es sich leichter. Humor ist Medizin. Über andere zu lachen, ist aber nicht dasselbe, als über sich selbst zu lachen. Wer sich selbst nicht allzu ernst nimmt, hat gute Karten, denn das reduziert die Kraft des Egos. Es sollte kein Tag vergehen, ohne dass man gelacht hat. Wie viel Liebe doch in einem Kinderlachen liegt. Und wenn uns ein Baby anlächelt, sind wir außer uns vor Glück. Was will uns das sagen?

Ein aufrichtiges Lächeln kann einem Menschen unendlich viel Kummer abnehmen – auch dem inneren Kind. Probleme kann man nicht weglächeln, aber die Lebensfreude mit einem Lächeln zu sich einladen.

Der Mund öffnet sich und schon ist die Welt energetisch mit Worten verschmutzt. Kritik geht schneller über die Lippen als ein Kompliment oder Lob. Wir sollten wirklich besser darauf achten, was wir sagen. Ist ein Wort erst einmal draußen, kann es nicht mehr rückgängig gemacht werden. Du, der du auch schon verletzt worden bist, solltest das wissen. Nur weil es dir widerfahren ist, musst du es nicht weiterführen. Das innere Kind hat schon genug unter Worten gelitten. Die meisten wissen, dass jedem Wort eine Wirkung folgt. Alles kommt zu uns zurück, und wenn wir mit unliebsamen Worten um uns werfen, können wir auch nicht erwarten, dass alles immer Friede, Freude, Eierkuchen ist. Wir brauchen uns also nicht zu wundern, wenn uns etwas widerfährt, was uns unsere Laune vermiest. Wir müssen vorher hinschauen, was wir fabrizieren, und vor allem, was über unsere Lippen kommt. **Bei wohlwollenden Worten** fühlt man sich geborgen. Sie sind wie ein Mantel, der wärmt und Schutz gibt. Worte können heilen, aber auch sehr starke Verletzungen hervorrufen. Halte also inne, bevor du etwas sagst. Dienen die Worte niemandem, dann halte sie zurück. Sag lieber nichts, anstatt etwas Hartherziges von dir zu geben. Es tut niemandem gut und am allerwenigsten dir.

Die »Verschmutzung« beginnt im Kopf und manifestiert sich über den Mund. Verliere deine Worte, Taten, Gedanken, Sichtweise und Gesinnung keine Minute aus den Augen.

Einsichten: heiß begehrt, rar gesät

Erst wenn man weiß, was es mit der Einsicht auf sich hat, sehnt man sie herbei. Sie ist, wie der Name schon sagt, *die eine Sicht, die nach innen geht.* Etwas ein-sehen, etwas in sich entdecken, in sich schauen, Innenschau. Das Gegenteil von Einsicht ist die Sicht nach außen, mit der man sich in Situationen und in allem, was einen umgibt, verliert. Sich vorwiegend über die Person, das Ich, zu definieren, in den Erfahrungen verwickelt zu sein und sie als einzige Realität wahrzunehmen und zu verstehen, bereitet der Psyche Sorgen. Unter dem Begriff »einsichtig sein« verstehen wir in der Regel Toleranz und Nachsicht. Das ist aber etwas ganz anderes als die Einsicht, von der ich hier spreche. Warum die Einsicht eine Herzensangelegenheit ist, lässt sich leicht erklären. *Ein*-sicht enthält die Silbe *ein*, die auf das Eine, die Ganzheit, verweist. Der Mensch schaut *mehrsichtig, also zweisichtig* auf die Dinge der Welt, weil das so eingerichtet ist. Die Person kann als dieses unerkannte Ich nicht anders wahrnehmen als aus einer begrenzten Sicht, die gespalten ist und Gespaltenes hervorbringt. Sofort reagiert es mit Interpretationen, Vergleichen und Annahmen. Blickt hingegen das Selbst auf die Welt, lässt es sich nicht vom Gesehenen ablenken, sondern sieht darin nur sich selbst. Es sieht das große Eine, das sich hinter der Verkleidung von Personen und Dingen verbirgt. Es nimmt also immer nur sich selbst wahr, weil es sich nicht in dem Erscheinungsbild der Welt verliert. Es lebt nicht in der Trennung, weil es Ganzheit ist. Die *eine* Sicht ist eine reine Sicht – Geist, Licht, Liebe. Übrigens: Wenn du fortwährend nach innen sehen würdest, würde dein inneres Kind niemals Gefahr laufen, verletzt zu werden. Darüber solltest du nachdenken.

Gerne möchte ich an dieser Stelle Beispiele aufführen, wie eine Einsicht aussehen könnte. Zum Beispiel:

Seit Jahren nervt mich eine Freundin mit ihren ständigen Anrufen. Mögliche Einsicht: Wenn ich ihr nicht klar sage, dass ich nicht so oft telefonieren will, wird sich nichts ändern. Wenn ich Dinge nicht klar ausspreche, wird sich das nicht ändern. Die Anrufe helfen mir also dabei, klarer, aufrichtiger und authentischer zu werden.

Nicht sie ist die Nervensäge, ich neige dazu, lieb und nett sein zu wollen, den Erwartungen anderer zu entsprechen und nicht zu mir zu stehen. Dem will das Leben Abhilfe schaffen. *Durch Einsicht kann sich die Situation verändern. Verändert sie sich nicht, habe ich kein Problem mehr damit, weil ich die Schuld nicht auf den anderen schiebe, sondern mir bewusst geworden ist, wo das Problem wirklich liegt.*

Jahrelang habe ich nicht verstanden, warum mein Partner ein bestimmtes Verhalten nicht ändert. Es hat mich genervt. Mögliche Einsicht: Das Leben ist nur so kompliziert, weil wir Vorstellungen haben. Alles, was uns umgibt, hat überhaupt keine Funktion und Bedeutung. Es ist das Gehirn, das uns durch das Bezugnehmen einen Streich spielt und allem eine Bedeutung gibt.

Nicht der Partner ist kompliziert, ich habe die Umstände kompliziert gemacht, weil ich nicht ein-gesehen habe, dass es an meinem Widerstand liegt. Ich lehnte es ab. Ich interpretierte es. Das muss ich nicht tun. Der Partner darf sein, wie er will, und seinem Verhalten liegt nichts Negatives zugrunde. Es zeigt mir, dass ich noch nicht in vollkommener Akzeptanz und in der Trennung lebe. Das heißt, dass ich ihn nur als Mensch und seine Eigenschaften wahrnehme, anstatt sein wahres Wesen zu erkennen. Er muss meinen Vorstellungen nicht entsprechen.

Jahrelang hat mir meine Arbeit Druck bereitet. Die Vorgesetzten haben mich mit Arbeit überfordert und ich konnte dem nicht mehr gerecht werden. Ich muss es ansprechen, dass mir alles zu viel wird. Ich darf es nicht persönlich nehmen. Des Weiteren kann ich darüber nachdenken, ob die Umstände noch passen. Vielleicht muss ihr Verhalten so sein, weil mir die Arbeit nicht mehr entspricht? Steht ein Arbeits-Wechsel an oder ist ein Perspektiven-Wechsel erwünscht? Mögliche Einsicht: *Druck entsteht nie durch äußere Umstände, sondern in einem drinnen. Wenn ich über das Thema nicht nachdenke und emotional nicht reingehe, kann ich frei von Druck Abstand bewahren und meine Arbeit viel besser bewerkstelligen.*

Wie kann ich Einsicht erlangen? Wohin soll ich mich wenden? Das sind keine dummen Fragen, aber überflüssige, weil sie sich nicht rational beantworten lassen. **Einsichten stellen sich ganz von selbst ein, wenn mein Ego etwas durchlässiger geworden ist und nicht allzu dominant mein Leben beherrscht. Lauschen wir doch der Stimme des inneren Kindes, nehmen wir seine natürliche Intuition und seine Bedürfnisse wahr.** Wir wollen immer etwas wissen, uns etwas vorstellen, um damit etwas anfangen zu können. Es muss einen Nutzen haben, sonst ist es wertlos für uns. Das Nützlichkeitsprinzip ist Berechnung pur, alles muss von Vorteil sein und hilfreich obendrein. Der Verstand will also verstehen, nachvollziehen, er braucht Anleitungen, Informationen, er will vergleichen ... so sind wir gepolt! Wir haben es seit jeher so gemacht und gelernt – es ist ein automatischer Vorgang, der zum Selbstläufer geworden ist. Alles muss erklärbar und logisch sein. Wir interpretieren automatisch, docken überall an, wollen alles zurechtgelegt bekommen und einiges mehr. Und was willst du?

Anstatt Anleitungen zu folgen, empfiehlt es sich, sich leiten zu lassen. Nicht vom Verstand verleiten, sondern von innerer Instanz lenken. Es gibt kein Lebewesen, dem es an der inneren Führung fehlt, aber welche, die die Führung anderweitig abgegeben haben. Der innere Führer steht dir automatisch zur Verfügung, wenn deine willentliche Plattform leer ist. Dann fühlt er sich eingeladen und kann dir ganz viele Einsichten bescheren. Eigentlich wissen wir alle, was wir zu tun haben, aber wir tun aus unerklärlichen Gründen immer etwas anderes. Stets kommt uns etwas dazwischen und hält uns davon ab, uns leiten zu lassen. Intuition und Instinkt sind in uns allen gleichermaßen ausgeprägt, auch wenn wir das nicht glauben können.

Wenn ich aus dem Fenster blicke und die Vogelschwärme sehe, die aus Hunderten von Vögeln bestehen, die trotz ihres dichten Beieinander-Seins niemals zusammenstoßen, staune ich jedes Mal aufs Neue. Mich hat einmal ein Kind gefragt, warum Vögel nicht zusammenstoßen. Das hat mich dazu inspiriert, mich eingehender mit Frequenzen zu beschäftigen. Ich habe Antworten gefunden, die mich der Natur noch näher gebracht haben.

Lassen wir uns vermehrt von unserem Herzen lenken. Wir wollen das Denken nicht verteufeln, es ist sehr nützlich, auch für den spirituellen Weg. Aber bei der Bewusstwerdung spielt es keine tragende Rolle, besser gesagt, gar keine. ***Dort, wo Einsicht beginnt, verschließt sich das Tor für das Denken.*** Es muss außen vor bleiben, und zwar dort, wo die Sinne mit dem Ich verknüpft in ihrer Begrenzung gefangen sind. Das Innere in dir, das Herz, die Intuition oder wie auch immer wir das Sensible in uns nennen wollen, versteht auch, ohne nachzudenken. Es weiß, was zu tun ist, auch ohne herkömmliches Wissen. Es kann sich auf sich verlassen, was man vom Verstand nicht sagen kann. Er kann nicht auf seine Natur, sondern nur auf erinnertes Wissen und Erfahrungen zurückgreifen. Ganz schön mager! Da alle Informationen eingespeist wurden und stets persönlicher Natur sind, neigen sie dazu, fehleranfällig zu sein. Das Herz hingegen ist fehlerlos! Sein Wirken ist vollkommen. Nur kommt es kaum dazu, weil der Verstand immer dazwischenfunkt und es übertrumpft. Der Verstand verleitet den Menschen zum Handeln, was zu einem Ergebnis führt. Das Herz aber bewirkt etwas, ohne etwas zu tun und zu verstehen. Das Ergebnis fügt sich von selbst und ist frei von Anstrengung immer auf dem Punkt. Auch wenn wir etwas dazu beitragen, es bleibt frei von Erwartungen und Absicht.

Kein Wunder, dass Spontaneität und automatisches Handeln selten stattfinden, wenn wir ständig in Aktion sind. Vorgesehene Reaktionen, die im Inneren wurzeln, erstickten im Keim, noch bevor sie aktiv werden konnten, weil der Raum in uns von Logik, Berechnung und Konzepten vollgestopft ist. Eigentlich logisch, oder?

Ist es nicht so, dass man ein Haus einrichtet, wenn es leer ist? Also: Wie soll sich die eine Kraft in dir vollkommen ausdrücken und Raum einnehmen? Es ist ja schon alles voll! Nicht nur von Gedanken, auch Sorgen und Ängste vereinnahmen den Raum, der eigentlich für etwas ganz anderes vorhergesehen ist. Großreinemachen und Entrümpeln sind aber keine einmaligen Aktionen, sondern eine Lebensaufgabe, die man auch als Achtsamkeit bezeichnen könnte. Das innere Kind ist fast unsichtbar, wenn es sich durch Emotionen nicht bemerkbar machen würde. Es ruft um Hilfe und bleibt oft unbeachtet. Woran liegt das? Was müssen wir alles erleiden, um endlich ein-zu-sehen?

Mein Lebensmittelpunkt ist das Selbst. Von dort aus nehme ich am Leben teil. Ich nehme das Leben in all seinen Formen an, weil ich weiß, dass alles seine Richtigkeit hat. Alles hat seine Berechtigung und alles ist in Ordnung, genau so, wie es ist. Es mag sein, dass im Leben vieles drunter und drüber geht und du mit vielem nicht einverstanden bist. Ich finde auch nicht alles gut, was im Leben passiert. Und das muss ich auch nicht. Es fragt sich nur, wann einem Widerstand und Ablehnung zum eigenen Verhängnis werden.

Deine Lebensinhalte und -umstände ändern sich dann, wenn du deine Perspektive änderst. Deine Ablehnung und dein Zorn, dein Frust und dein Unverständnis verbessern die Situation keineswegs, sie verschlechtern sie. **Verlagere deinen Standpunkt nach innen und werde zum Beobachter.** Nur so kannst du eine Situation als vermeintlich Betroffener schadlos überstehen. **Werde vom Betroffenen zum Beobachter, das ist die Lösung!**

Mein Lebensinhalt ist die Spiritualität und Spiritualität ist das Leben. Was auch immer geschieht, ich kann es nicht ändern und es liegt auch nicht in meiner Macht, die Welt zu retten. Aber ich kann mich selbst hinüberretten in mein Selbst. Ist das geschehen, wird sich die Welt nicht ändern, aber dennoch wird sie für mich eine andere sein. Zwischen Schein und Sein scheint eine große Distanz zu liegen, das könnte man vermuten. Es sind aber nur die Gedanken, die sich dazwischen tummeln und den Anschein erwecken, dass es eine Entfernung gäbe. Alles ist da. Immer.

EIGENEN VERLETZUNGEN VORBEUGEN

Neubeginn

Was ich beitragen und erkennen kann

Wie wir bereits wissen, sind für das innere Kind nicht nur Verletzungen durch andere prägend, man verletzt sich auch ständig selbst. Um diesen Verletzungen vorzubeugen, können wir einiges tun.

- Neben dem Perspektivenwechsel gilt es, die eigenen Vorstellungen und Konzepte zu überprüfen. Viele Erkenntnisse warten auf uns!
- Auch sollten wir unsere innere und äußere Haltung, Gesinnung und Ausrichtung immer wieder korrigieren.

Wir sollten uns fragen:

- Wie bewusst lebe ich?
- Wie verhalte ich mich?
- Wo kann ich Verbesserungen vornehmen?
- Wo denke ich immer in gleichen Mustern?
- Wo reagiere ich immer gleich?
- Wo halte ich noch an alten Überzeugungen fest?

Absolut alles hat einen Einfluss auf deine psychische Verfassung und auf das innere Kind, weil es immer beteiligt ist. Wir können es nicht ausschließen, und das sollten wir natürlich auch nicht tun. Es gibt Tage, an denen wir uns nicht wohlfühlen. Aber es gibt auch Tage, an denen es uns gut geht. Die nehmen wir nicht bewusst wahr, weil das, was unsere Zufriedenheit und Harmonie oder gute Laune beeinträchtigen könnte, abwesend ist. Fühlen wir uns schlecht, versuchen wir, die Ursache zu ergründen. Es kann sein, dass wir traurig sind, uns unwohl und niedergedrückt fühlen oder einfach alles schiefläuft. Etwas tut uns weh, da und dort zwickt es oder wir haben Schmerzen. Was auch immer es ist, es stößt bei uns auf Widerstand. Am liebsten wollen wir es loswerden und versuchen irgendwie, wieder in die Mitte zu kommen. Wir wissen zwar nicht, wie, begeben uns aber auf Ursachensuche. Man könnte sagen, dass das ganz normal ist. Weil es jeder so macht. Das mag sein, aber wenn es uns gut geht, suchen wir ja auch nicht nach der Ursache. Glück, Gleichklang, Zufriedenheit und reibungslose Tage benötigen keinen Grund, alles Gegenteilige schon.

Der Arm schmerzt und mein Rücken tut weh. Warum ruft mich meine Tochter nicht an? Sie weiß doch, dass ich auf ihren Anruf warte!

Weshalb funktioniert der Drucker schon wieder nicht?! Was ist denn heute mit mir los? Ich fühle mich so eigenartig. Warum bin ich heute so müde?

Diesen Warum-, Weshalb- oder Wieso-Fragen folgen immer Sätze, die ebenfalls mit einem W-Wort beginnen: *Wie kann ich diese lästigen Emotionen loswerden? Was kann ich tun, damit endlich die Heizung funktioniert? Womit kann ich dem Sodbrennen entgegenwirken? Wie bekomme ich meine Verdauungsprobleme in den Griff? Wieso kann ich das Denken nicht abschalten? Welche Vitamine fehlen mir?*

Die meisten Antworten sind spekulativ.

Wie gut ist es zu wissen, dass alles im Leben vorübergeht. Was kommt, wird auch wieder gehen. Anstatt Energie für Lösungsstrategien zu verschwenden, könnten wir mit dem, was uns stört, Frieden schließen. Wie findest du das? Vielleicht ist die Lösung schon da und wir sehen sie nicht, weil wir unsere Aufmerksamkeit nur auf das richten, was uns gegen den Strich geht? Würden wir die Aufmerksamkeit von dort abziehen und unsere Energie anstatt auf etwaige Lösungsvarianten auf den Augenblick richten, könnte sich etwas verändern. Es dürfte sich in uns etwas besänftigen und der Ablehnung den Wind aus den Segeln nehmen. Erst wenn es in uns und im Kopf still wird, werden wir Antworten wahrnehmen können. Wie sonst wollen wir sie hören? Der Gedankenlärm verwehrt jegliche Möglichkeit, um wegweisende Impulse zu übermitteln.

Wir jammern nur, wenn uns etwas nicht passt, nicht unseren Vorstellungen und Wünschen entspricht. Wir beklagen uns natürlich nicht, wenn alles nach Plan läuft, wenn wir keine Schmerzen haben oder uns wohlfühlen. Sätze wie: *Heute habe ich keinen Zahnarztbesuch! Was für ein schöner Tag, an dem alles rundläuft! Wie ich mich über das Leben freue! Ich gratuliere mir zu meiner Fröhlichkeit!*

Herrlich, dass mich mein Chef heute noch nicht zurechtgewiesen hat. Schön, dass mein Mann heute nicht mit mir streitet. Was habe ich für ein Glück, dass ich mich heute so wohlfühle! Wie schön, ich kann mich heute selbst waschen und mir selbst die Haare kämmen. Klasse, dass ich in der Lage bin, mir selbst etwas zu kochen. Wie schön, dass ich ohne Schwierigkeiten aufstehen und meinen Tag angehen kann, werden eher nicht geäußert.

Es ist nicht selbstverständlich, dass der Tag frei von Konflikten und Einschränkungen über die Bühne geht, und doch erwarten wir es. Es ist wie mit dem Alter oder dem Sterben. Wir alle sind davon betroffen, aber trotzdem werden diese Themen gerne ignoriert. Wenn wir unten sind, wollen wir nach oben, und wenn wir oben sind, setzen wir alles daran, nicht nach unten zu fallen. Das ist völlig normal! Jeder verhält sich so, könnte man denken. Aber auch, wenn sich jeder so verhält: Es ist ein Verhalten, das sich gegen die Natur und den Fluss des Lebens richtet und schlussendlich gegen uns selbst.

Muss es uns immer gut gehen? Nein!

Was wäre ein Leben ohne Herausforderungen? Wir könnten ja nichts lernen! Es gäbe weniger Kreativität und Einfallsreichtum. Wir müssen uns nicht anstrengen, das Leben würde vor sich hinplätschern und äußerst langweilig sein. Wir würden uns in weltlichen Dingen verlieren und uns überhaupt nicht uns selbst zuwenden. Wir beginnen ja meist erst dann, uns nach innen zu kehren, wenn wir durch Leid auf uns selbst zurückgeworfen werden. Wenn es uns nicht gut geht, werden wir fromm wie ein Lamm und beginnen sogar zu beten. Das Leben bringt uns zur Besinnung, und zwar durch alles, was es an uns herantragen mag.

Mögliche Erkenntnisse im Alltag

Die roten Ampeln

Im Straßenverkehr braucht man gute Nerven. Dort werden wir scheinbar intensiv auf die Probe gestellt. Ärgerlich, wenn schon wieder eine Ampel auf Rot schaltet oder sich ein Stau anbahnt. Viele Menschen werden sehr aggressiv, wenn sie im Straßenverkehr durch irgendjemanden oder irgendetwas behindert werden. Ich muss zugeben, dass ich früher auch mit unruhigen Fingern auf das Lenkrad geklopft habe, wenn es wieder einmal nicht voranging.

In der Zwischenzeit sehe ich jede Verzögerung als Geschenk. Es ist nicht nur eine wunderbare Geduldsübung, sondern auch eine Auszeit, die mir geschenkt wird. Normalerweise schaue ich auf die Straße, wenn ich mit dem Auto unterwegs bin. Die ungewollten Stopps ermöglichen es mir jedoch, die Umgebung zu erkunden. Ich sehe vielleicht Dinge, die ich vorher noch nie gesehen habe, und wahrscheinlich wären sie mir auch nicht aufgefallen, wenn mir der Stau nicht die Möglichkeit dazu eingeräumt hätte. Ich kann eine solche Situation auch anders auslegen und zum Beispiel sagen, dass mir der Stau in die Quere gekommen ist, ich oft stehen bleiben musste und deshalb viel zu spät zu Hause angekommen bin.

Durch dieses Angehalten-Werden sagt das Leben zu mir: Schau mal, Kurt. Ich will dir etwas zeigen! Du bist zu sehr in deinen Gedanken verwoben, genieße doch einfach die Natur oder das Geschehen um dich herum, nur der Augenblick zählt. Hab Freude an dem, was dich umgibt. Halte inne! – Ist das nicht nett vom Leben?

Man kann immer alles von zwei Seiten aus betrachten, aber Fakt ist, dass der Mensch zur Langsamkeit gezwungen wird, wenn er den Stresspegel hoch hält. Müssen wir zuerst wirklich ernsthaft krank werden, damit wir einen Gang zurückschalten?

Entschleunigung tut uns gut: dem Körper, den Nerven, der Psyche, dem Gemüt, einfach allem. Aber nicht nur Stau und rote Ampeln sind unsere Lehrer. Das Leben hält noch viele weitere Zwischenfälle für uns bereit, um Ärger, Wut und Aggressionen aus uns herauszukitzeln und uns in den Augenblick zurückzuholen.

Einsicht des Tages:
Das Leben ist nie unser Gegner,
aber immer unser Freund.

Der Endlosredner

Wann hört der endlich zu reden auf? Blablabla. Scheinbar werden wir alle mit Menschen konfrontiert, die dem Redefluss frönen. Abgesehen davon, dass der Inhalt selten jemanden interessiert, er zieht sich ganz arg in die Länge. Natürlich stören wir uns auch am Gesprächsstoff, was sich von selbst versteht, es ist ja nicht unserer.

Am Telefon fühlt sich jemand dazu berufen, uns mitzuteilen, dass die ganze Welt doof ist. Die anderen machen alles falsch, sie haben keine Ahnung. Er scheint sich nicht bewusst zu sein, dass er lediglich über seine Vorstellungen spricht und es rein gar nichts über andere aussagt. Es folgt ein Urteil nach dem anderen und die Kritik will kein Ende nehmen. Einfach aufzulegen, wäre unhöflich, und eigentlich steht es uns nicht zu, den anderen zu kritisieren. Aber genau das tun wir bereits! Wir kritisieren ihn dafür, dass er etwas kritisiert. Ist das nicht auch Kritik?

Er darf es nicht tun! Wir schon? Werden wir in so einer Situation mit unseren eigenen Schwächen konfrontiert? Darüber lohnt es sich nachzudenken.

Blöderweise werden wir im Gespräch dazu verleitet, mit zu schimpfen und ebenfalls Kritik anzubringen. Wir wollten das eigentlich nicht, aber irgendwie passiert es dann doch. Es ist eine Kunst, sich herauszunehmen und einfach nur zuzuhören. Ich praktiziere das seit Längerem, nur passiert mir dann Folgendes: Ich werde gefragt, ob ich noch am Telefon bin. Nun, was soll ich sagen, wenn ich ohnehin nicht zu Wort komme? Kurzum, reden lassen und an etwas Schönes denken. Nebenbei hat der andere dann noch das Gefühl, dass wir ein guter Zuhörer sind. Wir müssen ja nicht immer unseren Senf dazugeben, oder?

Einsicht des Tages:
Wer mit jemandem über eine andere Person spricht und sich über deren ständiges Kritisieren beklagt, tut es ihr gleich, auch wenn es unbemerkt bleibt.

Lange Warteschlange an der Kasse

Eigentlich habe ich es eilig. Mitten im Supermarkt, die Kassen bereits im Sichtfeld und die Hände mit Produkten voll beladen. Kurzer Check: Bei welcher Kasse stehen weniger Leute und wo komme ich am schnellsten durch. Schlau, wie ich bin, vermute ich, dass es dort, wo mehrere Menschen mit wenigen Dingen im Einkaufswagen zu sehen sind, wesentlich schneller vorangeht als dort, wo nur eine Person mit einem vollen Einkaufswagen steht. Darüber hatte ich einmal einen Bericht gesehen, das Ergebnis wollte ich mir merken, aber tatsächlich war es umgekehrt. Erfreut über die neu entdeckte Kasse, an der sich schon jemand im Zahlvorgang befand, beschleunigte sich mein Gang. Schnellen Schrittes das Ziel ungehindert erreicht und alles rasch aufs Band gelegt. Blöderweise scheint es dann doch zu stagnieren, da die Dame vor mir in ihrem Portemonnaie eine gefühlte Ewigkeit nach Kleingeld sucht. Und dann … fällt es ihr auch noch zu Boden. Ein Blick zur Seite verrät mir, dass die Kasse links von mir jetzt frei wäre. Ich helfe der Dame, das hinuntergefallene Geld einzusammeln, und habe wenigstens eine gute Tat vollbracht. Alles gut gegangen, denke ich. Etwas verfrüht, denn jetzt ist die Kassenrolle zu Ende. Die Kassiererin lässt sich alle Zeit der Welt, eine neue einzusetzen, nachdem sie eine Weile lang danach suchen musste. Ich schiele auf die andere Kasse nach rechts, die in der Zwischenzeit ebenfalls frei geworden ist.

Zu Hause angekommen mache ich es mir erst mal gemütlich und lese in einer Zeitschrift. Ein äußerst amüsanter Artikel über das große Warten an den Kassen im Supermarkt. Ich werde rot.

Als ich das nächste Mal einkaufen gehe, sind an allen Kassen Warteschlangen. Ich stelle mich ans Ende irgendeiner Schlange und warte. Ich befolge die Anweisungen des Artikels, den ich gelesen habe: Ich nehme mir die Zeit, die Menschen zu beobachten, und lächle. Ich konzentriere mich nicht nur auf den Augenblick, sondern versuche, die Perspektive zu wechseln. Ich binde mich in das Bild ein, das ich um mich herum wahrnehme. Jetzt ist da nicht mehr der Kurt, der am Ende einer langen Schlange steht, sondern eine lange Schlange, in der auch ein Kurt anwesend ist. Der Versuch, mich nicht als Mittelpunkt des Geschehens zu sehen, sondern der Beobachter des Geschehens zu werden, klappt tatsächlich. Ich fühle mich nicht betroffen und erachte die Situation als gegeben, ohne Erwartungen zu entwickeln. Es ist, wie es ist. Punkt. Es ist kaum zu glauben.

Ich habe mich nicht geärgert, nicht über die Situation nachgedacht und schon war ich an der Reihe.

Einsicht des Tages:
Man kann jede Gelegenheit dazu nutzen, in sich zu gehen und sich aus der Sinneswelt zurückzuziehen. Ist das eine Meditation der besonderen Art oder einfach nur eine von Grund auf natürliche Haltung, die man schlichtweg verlernt hat?

Der von letzter Woche

Bei jeder Begegnung sind die ersten paar Sekunden verantwortlich für den ersten Eindruck. Darüber habe ich früher in meinen Seminaren oft gesprochen und auch in meinen Büchern habe ich das thematisiert. Auch wenn der erste Eindruck wichtig ist, er sollte der erste Eindruck bleiben. Wenn ich jemandem in einer Woche oder in einem Monat das zweite Mal begegne, erinnere ich mich sofort an das erste Treffen. Hat der Mensch einen unguten Eindruck hinterlassen, distanziere ich mich umgehend von dieser Erinnerung. Ich mache mir bewusst, dass jeder Augenblick neu ist und frisch erlebt werden muss, um dem Menschen im Hier und Jetzt zu begegnen. Wir sagen immer, früher war es so und irgendwann wird es so sein, gestern hat sich diese Person so benommen und sie wird sich sowieso nicht ändern. Das wird sie bestimmt nicht tun, wenn wir so denken. ***Wir müssen realisieren, dass das Leben aus unzähligen aneinandergereihten Momentaufnahmen besteht und nichts gleich bleibt.*** Wenn du am Abend schlafen gehst, bist du nicht mehr derjenige, der frühmorgens aufstehen wird. Wenn mein Lieblingsgetränk Ananassaft ist, muss es das morgen nicht mehr sein, und wenn ich jetzt sage, dass Kühe meine Lieblingstiere sind, kann das bereits morgen anders sein. Was ich damit sagen will: Wenn sich andauernd alles wandelt, gebe ich auch jedem Menschen die Chance, in dem Moment der Begegnung er selbst zu sein. Ich will ihn nicht als den erleben, der er vor ein paar Wochen war, oder besser gesagt, als den wahrnehmen, als den ich ihn damals wahrgenommen habe. Alles ist in jedem Augenblick anders und verändert sich mit jedem Atemzug. So wie ein Baum vor dem Fenster nie derselbe ist, so verhält es sich mit allem. Wenn du morgens zur Arbeit gehst, glaubst du, immer denselben Weg zu beschreiten. Aber das glaubst du nur, auch wenn der Weg stets derselbe ist: Alles hat sich verändert, auch weil sich deine Wahrnehmung alle Augenblicke wandelt. Wenn du dich und alles um dich herum jeden Tag bewusst wahrnehmen würdest, würdest du das so erleben.

Die meisten Menschen gehen jeden Tag den Weg ihrer Vorstellung zur Arbeit, aber nur selten den wirklichen Weg, der einer unentwegten Veränderung unterliegt.

Es ist das Vertraute, das uns dazu verleitet, nicht so genau hinzusehen, und so vertrauen wir darauf, dass unsere Wahrnehmung keine Täuschung ist. Was macht uns da so sicher?

Außerdem sind wir ständig in Gedanken verwickelt und somit sind wir nie wirklich hier. Wir sind anwesend, aber nicht präsent!

Gib jedem Tag die Möglichkeit, sich in all seinen Facetten immer von einer anderen Seite zu zeigen. Du blickst jeden Tag in ein neues Gesicht, auch wenn du denkst, dass du deinen Partner anschaust. Es ist ein großes Geschenk, dies zu erkennen. Der Fluss, der an dir vorbeifließt, fließt nie gleich und verändert sich ständig, auch wenn er immer fließt. Sich der steten Veränderung auch von vertrauten Dingen bewusst zu sein, nennt man Achtsamkeit.

Einsicht des Tages:
Den von letzter Woche gibt es nicht,
es gibt nur den, der mir jetzt gegenübersteht,
und eigentlich bin ich mir nicht einmal
dessen sicher.

Das schlechte Wetter

»Hallo Kurt«, höre ich die Person am anderen Ende des Telefons sagen, »ist bei euch auch so schlechtes Wetter?« Auf solche Fragen wusste ich noch nie eine Antwort, weil für mich einfach »immer Wetter« ist. Ich liebe den Regen und den Nebel, wobei die Sonne natürlich auch wundervoll sein kann. Warum sich über das Wetter auslassen? Gibt es keine anderen Themen? Für sogenanntes schlechtes Wetter gibt es Regenschirme, für das gute Sonnencreme. Abgesehen davon gestatte ich es dem Wetter zu sein, wie es ist. Es fragt mich ohnehin nicht, wie es sein soll, und wenn ich morgens aus dem Fenster schaue, wäre es sowieso zu spät, Wünsche auszusprechen. Wetter beginnt eigentlich nie, es dauert an und wird uns überleben. Wer sich über Regen ärgert, weil er einen Ausflug geplant hat, geht am besten humorvoll an die Sache heran. Aha, eine Challenge. Schaffe ich sie oder falle ich durch? Nun, geärgert habe ich mich jetzt schon, aber habe ich vielleicht andere Qualitäten aufzuweisen? Spontaneität! Wofür kann ich mich jetzt begeistern? Flexibilität! Bin ich bereit, mein Vorhaben loszulassen? Gelassenheit! Kann ich die Situation so annehmen, wie sie ist? Was kann ich jetzt anderes tun, was mir Freude bereitet? – Eine Chance, die man sich nicht entgehen lassen sollte.

Einsicht des Tages:
Es ist so schön, sich vom Leben überraschen zu lassen. Einem grantigen Menschen hilft das beste Wetter nichts.

Ratschläge

Es stimmt, dass Ratschläge erschlagen können. Wir sollten das aber nicht verallgemeinern und für alle Worte, die zu uns dringen, offen sein. Auch wenn wir uns fragen: *Was will der schon wissen? Warum sollte gerade sie richtigliegen? Warum sollte gerade das die Lösung sein?* – Warum nicht?

Die allgegenwärtige Kraft, ganz gleich, ob du sie Liebe, Gott oder Allmacht nennst, hat keinen Mund, um etwas zu dir zu sagen. Sie hat auch keine eigenen Hände, aber knapp 16 Milliarden Augen, durch die sie sehen kann. Sie hört auch ohne Ohren und sieht alles, auch wenn es dunkel ist.

Ich bin dankbar für alles, was man zu mir sagt oder worauf man mich aufmerksam macht, weil ich immer etwas dazulernen kann. Ich erinnere mich an ein Gespräch, in dem mir jemand erzählte, dass ihm ein Medikament empfohlen worden war, das ihm überhaupt nicht geholfen hat. Er war ganz entrüstet und voller Unverständnis. Okay, sein Zustand mag unverändert geblieben sein, aber ich fragte ihn, ob es nicht möglich wäre, dass es ihm ohne dieses Medikament noch schlechter gegangen wäre? – Den Rest lasse ich offen.

Gestern Abend wollte ich ein neues Nahrungsergänzungsmittel ausprobieren, dann habe ich es vergessen. Als ich morgens aufwachte, hatte ich ein seltsames Grummeln im Bauch und fühlte mich nicht wohl. Ich bin so froh, dass ich diese Kapseln gestern nicht zu mir genommen habe, ansonsten wäre es möglich gewesen, dass ich ihnen die Schuld zugeschrieben hätte. Das geht uns in vielen Fällen so. Wir fischen immer einen Grund herbei, wenn uns der Fisch von der Angel schlüpft, schlecht ist oder stinkt, eine Eigenart, die wir uns am besten abgewöhnen sollten.

Wir können allem etwas Gutes abgewinnen; ob wir das allerdings wollen, ist eine andere Sache.

Einsicht des Tages:
Was auch immer wir unter schlecht verstehen, es kann immer noch miserabler sein.

Perspektivenwechsel

Wir können jederzeit auf Erinnerungen zurückgreifen und leben jeden Augenblick daraus. Somit können wir den Augenblick nie unverfälscht erfahren. Er ist immer verfärbt und ein Echo der Vergangenheit. Wie wollen wir Probleme lösen, wenn wir uns so der Heilung, die dem Augenblick innewohnt, entziehen? Sich mit dem inneren Kind auseinanderzusetzen, ist mehr, als sich mit der Vergangenheit auszusöhnen, wir müssen tiefer gehen. Tiefer zu gehen, bedeutet, mehr und mehr ins Hier und Jetzt zu kommen und das, was auf das Leben einen unerwünschten Einfluss nimmt, hinter uns zu lassen. Das, was uns niederdrückt, kleinhält und begrenzt, wird von der emotionalen und gedanklichen Ebene erzeugt und genährt. Es gibt Möglichkeiten, sich dem starken Erinnerungsgefüge zu entziehen. Dazu benötigt es wie bereits erwähnt einen Perspektivenwechsel. Da sich jegliche Problematik scheinbar wirklich nur im Gehirn abspielt, geht es darum, sich von dieser Ebene bewusst zu distanzieren und das Gestern nicht immer wieder neu zu beleben. Ob wir darüber sprechen, uns darüber austauschen, es weitererzählen ... Wir tragen das Gestern ständig mit uns herum. Sätze wie *Die Vergangenheit lässt mich nicht los!* oder *Die Vergangenheit verfolgt mich!* sind völlig inkorrekt. Wir sind es, die nicht loslassen, und wir sind uns dessen nicht ansatzmäßig bewusst.

Nehmen wir an, du denkst über etwas nach, das dich belastet. Den ganzen Tag ist die Stimmung gedrückt und am Abend sagst du zu deinem Partner, dass dich dieses Erlebnis nicht loslässt. Hat es dir gesagt, dass du dich mit ihm beschäftigen sollst? Kann es etwas dafür, dass du dich mit ihm auseinandersetzt? Es geht hier nicht nur darum, sich keine Gedanken zu machen, man hängt auch emotional voll drin. Gedanken kommen selten alleine. Wenn dich plötzlich ein ungutes Gefühl überkommt, ist auch der Gedanke nicht weit entfernt, und umgekehrt verhält es sich nicht anders. Sie sind wie ein Zwillingspaar, das sich nur durch die kalte Schulter der Beobachtungsrolle besänftigen lässt. Sobald du ihnen Einlass gewährst und volle Aufmerksamkeit schenkst, ist es vorbei mit dem Frieden.

Bohrende Gedanken zu ignorieren, ist genauso schwer, wie belastenden Gefühlen den Rücken zu kehren. Beiden keine Beachtung zu schenken, ist nicht leicht, wie du bestimmt auch schon bemerkt hast. Was auch immer du loslassen möchtest, es ist und bleibt eine Lebensaufgabe. Es geht ja nicht darum, einfach einen Sack abzustellen, der einem zu schwer geworden ist, sondern sich bewusst zu werden, wo das eigentliche Problem unseres problematischen Empfindens begründet liegt. Das Problem liegt nie in der Vergangenheit oder in der Zukunft, sondern im Kopf. Die Vergangenheit ist jetzt nicht da, du holst sie herbei, wenn du an sie denkst. Wo ist sie, wenn du das Denken sein lässt? Alle Erfahrungen, die das innere Kind belastet und in die Enge getrieben haben, haben einen Einfluss auf deine Reaktionen, Handlungen und dein Empfinden. Das lässt sich nicht in einem Moment abschütteln. Es hilft aber bereits, sich bewusst zu werden, dass es hier und jetzt in diesem einen Moment nirgendwo anders gegenwärtig ist als in deinem Denken. Denk nicht an das, was dich belastet. Denk an Paula und studiere ihre Einsichten. Sie werden dir bestimmt sehr hilfreich sein.

Die Zukunft ist wie das, was war, ebenfalls nicht da, alles lebt nur in deiner Vorstellung. So treffen Vergangenheit, Zukunft und Gegenwart im Kopf aufeinander und es bleibt unbemerkt, dass sie illusorischer Natur sind. Sich auf den Kopf zu stellen und sich von jemandem schütteln zu lassen, funktioniert leider nicht. Aber es ist eine schöne Vorstellung, dass der ganze Ballast aus unserem Kopf rausfallen könnte und wir ihn mit Schaufel und Besen aufnehmen und entsorgen könnten. Gibt es eine Lösung? Was können wir tun?

Es gibt keinen Ort, den wir dazu aufsuchen könnten. Da Probleme, die sich im Außen spiegeln, nicht irgendwo da draußen, sondern im Inneren angesiedelt sind, gilt es, den Zugang zur Innenwelt zu öffnen.

Nach innen zu gehen, ist der erste Schritt, um das Gleichgewicht wiederherzustellen. Das Gleichgewicht liegt nicht zwischen den Spannungsfeldern Gut oder Schlecht, Soll-ich oder Soll-ich-nicht, Ja und Nein, sondern im Beobachten und im Bewahren von Distanz. Leider haben wir zu wenig Ausdauer. Wir fangen ganz viele Dinge an, beenden aber selten etwas. Wir laufen von einem Therapeuten zum nächsten, von einem Seminar zum anderen, um dann festzustellen, dass uns nichts wirklich geholfen hat. Wie sagt man so schön? ***Es gibt keine ungelösten Probleme, es gibt nur Menschen, die vorzeitig aufhören, nach der Lösung zu suchen.***

Im Osten ist es üblich, dass man einen Weisen oder einen Meister aufsucht, wenn man Rat benötigt. Hier eine Geschichte dazu:

So trug es sich zu, dass ein Mann einen Weisen aufsuchte, weil er verzweifelt war. Das Wasser war knapp und er konnte den Durst seiner Tiere nicht mehr stillen. So grub er ein Loch für einen Brunnen, ganze 20 Meter tief. Das Wasser aber blieb aus. Seine Verzweiflung trieb ihn voran und so grub er erneut 20 Meter tief. Seine Arbeit blieb wieder ohne Erfolg. Das wiederholte sich fünfmal, ohne dass der Mann auf Wasser stieß. Entmutigt schilderte er seine Situation, der Weise hörte ihm aufmerksam zu. Längere Zeit blieb es still, bis sich der Weise dem Mann zuwandte: »Warum hast du fünf Brunnen ausgehoben? Warum hast du nicht schon beim ersten Mal tiefer gegraben? Wärst du dort einige Meter tiefer gegangen, wärst du auf Wasser gestoßen.«

Wenn du einen vollen Abfalleimer im Gästezimmer abstellst, ist er aus deinem Sichtfeld entschwunden. Wunderbar, doch irgendwann fängt er zu stinken an. Dies ist dann eine Verlagerung des Problems und keine Lösung. Schmilzt Eis zu Wasser, ist das Eis nicht mehr da. Aber was ist mit dem Wasser? Verdunstet es, wird es unsichtbar, auch wenn es in energetischer Form noch vorhanden ist. Ein magischer Kreislauf, in dem das Leben fließt. Nichts kann verschwinden, es verändert nur seine Struktur. Alles bleibt stets in irgendeiner Form vorhanden, da sich im Bewusstseinsfeld der Erde nichts in Luft auflösen kann. Dies gilt aber nur für das Ich, das sich im Bewusstseinsfeld durchschlagen muss. Das Selbst trägt seine eigenen Gesetze in sich, die nicht den universellen Gesetzmäßigkeiten unterliegen. Wir dürfen nicht bei dem, was wir sehen, stehen bleiben und die Annahme verdichten, dass es außer dem Gesehenen und Gehörten nichts anderes gäbe.

Das Auge sagt: Ich sehe einen Baum.

Der Geruchssinn sagt: Ich rieche keinen Baum.

Der Geschmackssinn sagt: Ich schmecke keinen Baum.

Die Gefühle sagen: Ich fühle keinen Baum.

Der Tastsinn sagt: Ich spüre keinen Baum.

Der Gehörsinn sagt: Ich höre keinen Baum.

Die Wahrnehmung sagt: Ich nehme keinen Baum wahr.

Als das Auge für einen Moment die Lider schloss, waren sich alle einig: Mit dem Auge stimmt etwas nicht.

Verlassen wir uns nicht zu sehr auf das Gesehene, es könnte eine Täuschung sein. Gut möglich, dass gewisse Aussagen in dir Unverständnis und Widerstände auslösen. Wisse, dass dies nichts mit dem Geschriebenen zu tun hat, sondern dich dieses, wie alles andere, was du erfährst, liebevoll an der Hand nimmt und dir etwas aufzeigen will. Widerstände? Eine begrenzte Sicht? Eine versteckte Botschaft? Alles ist möglich! Auf alle Fälle ist es immer ein Geschenk. Ein guter Grund, dankbar zu sein.

Wir werden immer auf uns selbst zurückgeworfen und sollten diese Chance, die Ursache aller Ungereimtheiten und Erschwernisse, *bei uns* sehen, sie erkennen und nicht zurückweisen. Mit dem Herzen anstatt mit dem Verstand zu sehen und in diesem Fall auch zu lesen, ist eine Kunst, die man sich aneignen kann. Wenn man realisiert hat, was Vergangenheit ist und welch weitreichenden Einfluss sie auf die Gegenwart hat, dann ist das Aufwärmen von alten Erfahrungen passé. Es heißt zwar, dass man sich Dinge bewusst machen muss, um sie loszulassen. Was aber nützt es mir, etwas herbeizuholen, um mich damit auszusöhnen, wenn ich mir nicht bewusst bin, auf welcher Ebene Aussöhnung überhaupt stattfindet? Dies gilt auch für das Thema inneres Kind.

Mit wem söhne ich mich aus? Mit dem inneren Kind? Mit mir? Müsste ich nicht wissen, *was ich bin* oder *was ich war*, bevor ich zu dem geworden bin, was ich jetzt zu sein glaube? Diese Fragen tun mir leid, man mag sie nicht. Dafür können sie aber nichts, auch wenn sie kompliziert klingen. Vielleicht ist das mit ein Grund, warum man sie so gerne von sich schiebt. Dass sie vom Ich abgelehnt werden, ist klar, denn sie sind es, die zu seiner Auflösung beitragen. Wer lädt schon gerne seinen Mörder zum Essen ein? Das Ich lässt sich seinen Rang nicht einfach so streitig machen. Deswegen sollte man sich mit ihm aussöhnen, es zu seinem Freund erklären und nicht bekämpfen. Wird es nicht überbewertet, ist alles bestens. Seite an Seite lebt es sich ganz gut, man sollte aber stets im Auge behalten, wer das Lebenszepter in den Händen hält.

Lass das Ich Ich sein und halte nach dem Selbst Ausschau. Dann wird es diese Momente geben, in denen du Freiheit spürst und dein inneres Kind sie erfährt. Vielleicht kannst du es sogar juchzen hören. Je stärker das Selbst zum Vorschein kommt, umso mehr wird sich das Ich abschwächen. Du musst also nichts tun und nichts bekämpfen, sondern einen Perspektivenwechsel anstreben, der alte Standpunkte, Meinungen, Vorstellungen und Interpretationen als Missverständnisse entlarvt. Es ist einfacher, als du denkst, deshalb denke nicht.

Die ewig unerkannte Liebe

Die Aufforderung *Werdet wie die Kinder!* bedeutet nicht, dass wir übermütig und sackhüpfend durch das Leben stolpern sollen, sondern mit reinem und mitfühlendem

Herzen, spontan, direkt, unvoreingenommen, vollkommen unbeeinflusst sowie wertungs- und vorstellungsfrei durch den Alltag gehen.

Der Mensch strebt vordergründig nach Erfolg und Anerkennung. Warum strebt er nicht nach Liebe? Vielleicht weil er sich nicht bewusst ist, dass sie es ist, wonach er sich eigentlich sehnt, und dass Erfolg und Anerkennung ohne sie wertlos sind? Es ist töricht zu glauben, dass man in Situationen oder Menschen Erfüllung finden kann. Solch ein Bestreben kann nur in einer Sackgasse enden und Lücken schüren. Diese Lücken sind die Augenblicke, in denen sich die Liebe nach uns sehnt und sich gähnende Leere ausbreitet. Aus gutem Grund! Weil sich der eigentliche Sinn des Lebens nicht erfüllt und wir uns von uns abgewandt und entfernt haben. Ein Leben voller Liebe hingegen ist lückenlos. ***Das Einzige, was uns und das innere Kind heilen, aussöhnen, versöhnen und gesund machen kann, ist die Liebe!*** Wer sie in allem entdeckt und sich von Bemängelungen, Erwartungen und ewigem Jammern verabschiedet, dem wird sich die Liebe zeigen.

Die Lücken müssen mit Liebe ausgefüllt werden. Das ist das Ziel. Die Lücken, die sich als Trostlosigkeit, Diskrepanzen und Erschwernisse in unserem Leben ausdrücken, lassen sich nicht leugnen. Wir können sie nicht vertreiben oder wegdenken, sie sind da. Sie belasten uns, erzeugen Druck und bescheren uns ein Unwohlsein. Deshalb tun wir so ziemlich alles dafür, um diese Lücken zu füllen. Meist versuchen wir, sie mit Ablenkung zu vertreiben. Solange wir in Bewegung und beschäftigt sind, läuft ja alles gut. Doch wenn wir zur Ruhe kommen, rücken diese Lücken in den Vordergrund. Sie sind nicht nur unangenehm, sie sind kaum auszuhalten, weil Emotionen die Gelegenheit haben, sich zu zeigen. Wenn sie nach oben drängen, löst das im Herz Beklemmung aus. Anstatt in diesem Moment dieses Schauspiel zu beobachten und die Möglichkeit einer Klärung zu nutzen, wimmeln wir es ab und finden uns schon wieder in der nächsten Beschäftigung. Alles, nur nicht hinschauen. Dass das auf Dauer keine Lösung ist, versteht sich von selbst.

Ein *Das hast du gut gemacht!* oder eine Prise Erfolg schaffen es, uns zumindest vorübergehend ein gutes Gefühl zu geben. Das hebt die Laune und stärkt das Selbstvertrauen. Die wahre, bedingungslose Liebe kommt und geht nicht, sie ist von Bestand. Deshalb sage ich es gerne noch einmal: Das Einzige, was Lücken dauerhaft füllt, ist die Liebe. Damit sind aber nicht die überschwänglichen Gefühle gemeint, die wir einer Person entgegenbringen, sondern eine Kraft in uns, die uns ausmacht und am Leben erhält.

Wir tun so ziemlich alles dafür und lassen kaum Versuche aus, um das Erwünschte zu erreichen. Das Streben nach Wünschen und Zielen nimmt viel Platz in unserem Leben ein. Da es uns scheinbar an Liebe mangelt, sollten wir eigentlich wissen, was zu tun ist. Wir wissen es, warum also ignorieren wir es? Macht das Sinn? Wir übergehen das innere Sehnen und begnügen uns damit, etwas erreichen und werden zu wollen. Wenn wir den Unterschied zwischen Ich und Selbst nur einen Bruchteil einer Sekunde spüren könnten, würden wir irdische Wünsche und Ziele belächeln. Was wollen sie uns geben? Die Jahre vergehen. Irgendwann naht der Zeitpunkt, an dem der Körper von uns abfällt, und dann? Was wollen wir mit all dem Besitz, dem Ruhm, dem Erfolg und den Menschen um uns herum? Ins Grab mitnehmen oder in die Urne? ***Bevor wir sterben, sollten wir mit uns in allen Belangen im Reinen sein.***

In jungen Jahren wollte ich auch etwas erreichen und vor allem erfolgreich sein. Was für mein inneres Kind gut war, dessen war ich mir nicht bewusst. Auch hatte es viele Verletzungen erfahren, heute erlebe ich es als ausgelassenes und zufriedenes Wesen.

Es hat etwas gedauert, aber irgendwann spürte ich, dass ich das, was ich werden wollte, nicht im Außen suchen muss. Es war bereits hier! Auch wenn es noch nicht greifbar war, ich wusste, dass ich zu dem werden wollte, was ich längst schon war. Und dafür konnte ich eigentlich nichts tun, außer zu erkennen. Welch ein Paradoxon das ganze Leben ist! Und da fällt mir auch gleich noch eine wundervolle Redewendung ein: *»Im Rückschritt liegt der Fortschritt.«*

Auch wenn mir meine eigentliche Identität lange verborgen blieb, ich habe es nie aufgegeben, nach mir selbst Ausschau zu halten. Mit viel Disziplin ging ich unermüdlich an die Selbsterforschung heran, und das ist das Um und Auf, um mit sich selbst und dem inneren Kind im Reinen zu sein. Ich wusste, dass die Belohnung mehr war als ein Händedruck, Zuneigung, Besitz oder Geld – ich war der Erfüllung auf der Spur. Jahrelang bin ich dem Kurt auf den Leim gegangen und habe mich um seine Wünsche gekümmert. Ich habe mich von meinem Ich ganz schön an der Nase herumführen lassen. Aber das ist nicht schlimm, denn es geht uns allen so. Das kleine innere Wesen in mir blieb vorerst unentdeckt, aber nicht verschollen. Mein inneres Kind hat gelitten, es war verletzt und einsam.

*Es ist immer der richtige Zeitpunkt,
um sich aufzumachen,
um nach dem Selbst zu schauen.*

Keiner ist besser oder schlechter dran, da wir alle im gleichen Boot sitzen, wenn wir auch nicht alle am gleichen Strang ziehen. ***Alles ist mit allem verbunden, so dient unsere Bewusstwerdung auch allen anderen!*** In jedem Augenblick ist die Realisation möglich. Das sollte man nicht glauben, man sollte davon überzeugt sein.

Nutze dein Denken und das Wollen für das Vorhaben, dich selbst zu finden und dich deines inneren Kindes anzunehmen. Setze diese Werkzeuge geschickt ein, denn es sind Instrumente, die sich dafür hervorragend eignen. Man könnte es auch als Zweckentfremdung bezeichnen. Werkzeuge wie das Denken muss man nämlich nicht ausschließlich für seine persönlichen Ziele verwenden, sie können uns auch zum Erreichen des höchsten Ziels äußerst nützlich sein: dem Erwachen. Es heißt nicht umsonst: *Du bist, was du denkst.* Du kannst denken, was du willst, und du kannst dich hindenken, wohin du auch willst. Lass diese Weisheit noch einmal gut auf dich wirken, sie könnte ein wertvoller Schlüssel sein.

»Etwas werden« wollen wird fälschlicherweise »mit etwas erreichen« wollen gleichgesetzt. Das Gehirn denkt stets in Erfolg und Zahlen. Solange es um persönliche Ziele, Vorstellungen und Träume geht, wird das Leben einen bitteren Beigeschmack haben. Das heißt nicht, dass du keine Ziele verfolgen sollst, keine Vorstellungen haben kannst und nicht träumen darfst. Es bedeutet nur, dass persönliche Ziele nicht die Erfüllung sind.

»Aus dir soll einmal etwas werden!« Wer hört das schon gerne. Wer so etwas zu uns sagt, dem ist die Liebe fremd. Diese Aussage ist eine Bürde und erzeugt Druck, das innere Kind fühlt sich angegriffen und zieht sich zurück. Ganz gleich, ob wir uns dessen bewusst sind oder nicht. Du bist gut, wie du bist! Du wärst ja anders, wenn du anders sein solltest.

Was soll man denn werden?

Besser? Was wäre der Maßstab dafür?

Man soll anders sein?

Soll man Erwartungen entsprechen oder
lieber das werden, was man will?

Was meinst du? Was wäre deine Wahl?

Ich würde mich für keines von beiden entscheiden und mich einem Entweder-Oder völlig entziehen. ***Du musst nicht immer für oder gegen etwas sein, dazwischen war-***

tet ein Ruhekissen, das einem sogar Schwierigkeiten abnehmen kann.

Das Leben ist voller Harmonie, wenn du dich einem *Werde, was du im eigentlichen Sinne bist!* öffnest. Werde so wie dein inneres Kind, bevor es seinen Verletzungen erlegen ist. Lass alle Ummantelungen abfallen. Entdecke ihren Kern, ihre Unwirklichkeit und vor allem, dass sie nicht zu dir gehören! Wenn du eines Tages deinem inneren Kind neutral und wohlgesonnen auf Augenhöhe gegenübertreten kannst und nichts mehr zwischen euch steht, hast du alles richtig gemacht. Es wird sich zeigen, dass es keinen Unterschied zwischen euch gibt und du nie etwas anderes gewesen bist außer Liebe. Wenn ein reines Herz dem reinen Wesen im Inneren begegnet, fallen alle Irrtümer ab, Missverständnisse weichen und der Traum von einem persönlichen Leben erlischt.

***

Hast du deine Zeichnung noch? Hüte dich, sie jetzt schon hervorzuholen, sondern greif erneut zu Farbstiften und einem Blatt Papier. Male das, was dir in den Sinn kommt und deinem inneren Kind am ehesten gleicht.

***

Wie sieht dein inneres Kind jetzt aus, wie drückt es sich aus, was tut es, mit welchen Farben schmückt es sich?

Wenn du damit fertig bist, ist es so weit: Du kannst beide Zeichnungen nebeneinanderlegen. Siehst du einen Unterschied?

Betrachte die Elemente, die Formen und Farben. Ich bin mir sicher, dass du aufgrund des Unterschiedes erstaunt sein wirst. Zeichnungen lassen sich übrigens weder beeinflussen noch bestechen, sie sind immer nur Abbilder deiner Seele.

Endnoten

1 *Nichts geschieht umsonst*, 2013, Verlag Die Silberschnur GmbH, ISBN 978-3-89845-412-4